KB275057

글렌 굴드에게 듣다

글렌 굴드에게 듣다

글렌 굴드에게 듣다

그의 연주와 음악에 관한 심층 인터뷰

글렌 굴드 · 조너선 콧 지음   이석호 옮김

Conversations

with

Glenn Gould

글렌 굴드 · 조너선 콧 지음   이석호 옮김

경당

글렌 굴드를 추념하며
(1932년 9월 25일~1982년 10월 4일)

종소리 사라져
꽃향기는 울려오는
저녁인가

— 에도 시대 전기의 시인 마쓰오 바쇼(松尾芭蕉, 1644~1694)

감사의 글

이 책에 실린 사진 자료와 부록에 정리된 다양한 기록 자료를 제공해준 굴드 재단의 스티븐 포즌, 오타와 국립 도서관 기록 보관소의 루스 핑코와 헬무트 콜먼, 캐나다 국영 방송사의 로버트 선터, 『피아노 쿼털리』의 로버트 실버먼, 그리고 필자를 도와 사진 자료를 발굴해준 스테퍼니 프랭클린에게 감사를 드린다.

이 책에 실린 인터뷰가 처음 『롤링 스톤』지에 게재되었을 때 그 형태를 잡아준 폴 스캔런, 그리고 지원과 격려를 아끼지 않은 잰과 제인 웨너에게 신세를 졌다. 이 책을 준비하는 과정에서 도움을 준 세라 러진 도서 에이전시의 패티 로마노프스키와 세라 러진, 그리고 내 글을 담당한 리틀, 브라운 앤드 컴퍼니의 베스 래시바움 편집장에게도 감사 인사를 전한다. 앨런 호링과 수전 코시스에게도 빚을 졌다.

1984년 2월

조너선 콧

차례

철> # 들어가며

창조 행위 중에 있는 천재가 우주의 태곳적 설계자와

하나가 될 때만이 예술의 항구적 본질을 진정으로 가늠할 수 있다.

그러한 조건에 처한 천재는 눈동자를 돌림으로써

그 자신을 볼 수 있는 동화 속 묘한 이미지와 닮아 있다.

그는 주체인 동시에 객체요, 시인이자 배우인 동시에 관객이다.

—프리드리히 니체, 《비극의 탄생》에서

“저 괴짜, 천재로세.”

지휘자 조지 셀이 캐나다 출신의 피아니스트 글렌 굴드의 클리블랜드 연주회를 참관한 뒤에 한 말이다.♦ 열네 살 때 베토벤《피아노 협주곡 4번》을 연주하며 공식 데뷔한 1947년 이후로 글렌 굴드는 관객과 평론가들, 전문 음악가 동료들을 끊임없이 놀라게 한 인물이었다. 그는 “신성한 가호를 받는” 음악가이자 부소니 이후 가장 위대한 피아니스트로 불렸다. 굴드는 또한 아래의 몇 가지 이유로 따가운 혹평과 질시를 받는 음악가이기도 했다. 우신 (1) 덩그러니 무대 위에 잘못 부려진 뜻 모를 한 마리 영양을 보는 듯한 격식에서 벗어난 동작과 버릇들이 있었다. 때로는 장갑을 낀 채 무대에 오르기도 했고, 톱으

♦ 이 일화에 관한 굴드의 설명은 181쪽 〈조지 셀 망동(妄動)〉에 소개되어 있다.

로 다리를 자른 앉은뱅이 접이식 나무 의자에 앉아 연주
하였기에 흡사 바닥에 앉은 채로 피아노를 치는 것만 같
은 인상을 주었으며, 게다가 피아노를 연주하면서 동시에
지휘하듯 손을 휘젓고 콧노래를 흥얼대거나 아예 노래를
부르기도 하였으며, 마치 피아노가 루이스 캐럴의 스나
크*라도 된 듯("매일 밤 어둠이 내린 뒤 / 나는 기쁨에 혼곤
한 꿈속에서 / 스나크와 얼싸안고 춤을 추네") 싸우고 어르
면서 악기와 사랑을 나누었다. 또한 (2) 그는 단호하리만
치 창의적으로 레퍼토리를 꾸렸다(다른 이들이 쇼팽과 라
흐마니노프, 그리고… 또 라흐마니노프를 연주할 때 굴드는
윌리엄 버드, 바흐, 힌데미트, 쇤베르크를 연주했다). 마지
막으로 (3) 그는 액션이 타이트한 피아노를 선호했고 그
런 피아노를 만나기 위해 강박적으로 매달렸다. 선명성
과 텍스처가 두드러지고 비길 데 없는 분석적 절묘함과
예리함을 강조하는 음악적 접근법을 가능케 하는 악기여
야 했던 까닭이다. 그런가 하면 브람스의《피아노 협주곡
1번》같은 '스탠더드' 레퍼토리를 감히 누구도 생각지 못
한 놀랍고 의미심장한 방식으로 해석함으로써 사람들의

◆ 스나크(Snark): 영국 작가 루이스 캐럴(Lewis Carroll,
1832~1898)이 쓴 난센스 시 〈스나크 사냥(The Hunting of
the Snark)〉에 등장하는 가상의 생명체. —옮긴이

불편함을 사기도 했다(일례로, 굴드가 이 곡을 뉴욕 필하모닉과 협연했을 때 지휘를 맡은 레너드 번스타인은 ─ 피아니스트의 동의를 얻어 ─ 연주에 앞서 관객 앞에 나가 그가 굴드의 해석에 십분 동의하지 못했음을 정중하게 밝힌 바 있다. 느린 템포와 심원한 구조적 디자인에 방점을 찍었던 굴드의 해석은 필자가 기억하기로는 이 작품의 억눌린 감정적 황홀감을 처음으로 진정으로 드러낸 것이었다).

또한 굴드는 괴짜요 은둔자처럼 살았다 하여 비판의 화살을 맞았고(그는 비행기 타길 거부했고, 캐나다 극북 지역까지 손수 차를 몰고 다니길 즐겼으며, 생애 마지막 몇 년은 대부분 토론토 외곽의 외딴 호텔 스튜디오에 칩거한 채로 보냈다), 괴상망측한 차림새(날씨가 따뜻할 때도 장갑과 벙어리장갑을 착용했고, 티셔츠 위에 셔츠, 조끼, 스웨터, 외투를 입고 목도리까지 두르고 다녔다)로 손가락질을 받았으며, 서른둘이라는 주름 자글자글한 나이에 모든 공개 연주회 무대에서 전면 은퇴를 선언함으로써 그 누구도 도달치 못할 기행의 정점을 찍었다.

사실 굴드가 연주회의 기능이 이미 전자 미디어에 의해 대체되었다는 ─ 혹은 곧 그리될 운명이었다는 ─ 주장, 그리고 녹음이라는 매체를 통해 전례 없이 다양한 레퍼토리에 고루 미치는 분석적 명료성과 직접성, 만져질

1957년 뉴욕에서 녹음 작업 도중
레너드 번스타인과 견해를 나누고 있는 굴드. (CBS 레코드)

듯한 밀착성을 달성할 수 있다는 주장을 실현하고 뒷받침할 수 있었던 것도 이른 나이에 은퇴를 단행한 게 결정적이었다. "마이크에 힘입은 분석적 해부" 덕분에 굴드는 "강한 편견에 쏠린 개념적 관점"에서 벗어난 음악을 선보일 수 있었고, 그렇게 함으로써 음악 작품은 아무런 속박 없이 자유로운 힘과 빛을 동반할 수 있었다. 굴드의 녹음에 담긴 연주들이 보여주듯 구조적 투명성을 얻은 작품은 늘 새로운 에너지를 발산했다.

1964년 일선 무대에서 은퇴하고 난 뒤 굴드가 발표한 음반들은 어느 하나 할 것 없이 모두 특별했다(목록은 책 끝 부록에 정리한 '디스코그래피'를 참고해주기 바란다). 타의 추종을 불허하는 바흐 음반들 사이사이로 여러 '최초' 녹음들이 존재하는 것도 그의 음반 이력에 나타나는 특징이다. 리하르트 슈트라우스의 《이녹 아든Enoch Arden》(앨프리드 테니슨 경의 감상적인 서정시를 배우 클로드 레인스가 낭송했고 여기에 굴드는 피아노 반주를 붙였다), 리스트가 피아노용으로 편곡한 베토벤《교향곡 5번》, 비제의 《반음계적 변주곡》, 윌리엄 버드와 올랜도 기번스의 버지널♦ 곡을 피아노 연주로 실현해낸 절묘한 음반, 그리

♦ 버지널(virginal): 상자 형태의 건반 악기. 하프시코드의

고 바그너의 관현악곡 《지크프리트 목가》를 피아노용으로 놀랍도록 아름답게 옮겨낸 음반이 여기에 해당한다.

굴드는 편곡뿐만 아니라 작곡도 했다. 1953년부터 1955년 사이에 쓰인 《현악 사중주, 작품1》이 바로 그러한 경우인데, 조금도 거리낌 없이 한껏 낭만적인 작풍은 19세기 말을 수놓은 브루크너와 리하르트 슈트라우스의 작품을 향한 그의 편향을 엿보게 한다. 사중창과 현악 사중주를 위한 작품으로서 익살과 작곡 솜씨가 나란히 어우러진 《그러니까 푸가를 쓰고 싶다고?》는 1960년대 초 줄리아드 현악 사중주단에 의해 녹음되어 『하이파이/스테레오 리뷰』 잡지의 부록 음반으로 제공되었으며 나중에 '글렌 굴드 데뷔 25주년 기념 앨범'의 일부로 정식 발매되었다. 굴드는 또한 베토벤《피아노 협주곡 1번 C장조》용으로 쓸 멋진 카덴차도 두 점 남겼다.

굴드는 녹음 예술가로서의 경력에 더해 캐나다 국영방송사CBC의 '대위법적 라디오'라는 혁신적인 프로그램 제작에도 참여했다(기차와 바닷소리를 통주저음으로 삼고 여기에 사람의 목소리를 얹어 올려 트리오 소나타 형식으로

일족이다. 르네상스 시대 후기부터 바로크 시대 초기까지 유럽에서 유행하였다. ─ 옮긴이

꾸몄다). 또한 수많은 라디오 및 텔레비전 프로그램에 출연해 해설을 맡거나 연주를 선보였으며 ― 그리고 물론 굴드를 주제로 한 프로그램도 다수였다 ― 여러 단편과 장편 영화에 들어갈 음악을 짜 넣거나 편곡하는 일을 도맡기도 했다.

피아니스트로 활동하는 내내 굴드는 훌륭하고 도발적인 강의문, 잡지 기고문, 리뷰 글, 그리고 자문자답 형식의 인터뷰 글을 썼다. 그의 펜이 다룬 주제도, 전자 문화 시대의 영웅이라는 위조된 이미지, 아르투르 루빈스타인, 영국 가수 페툴라 클라크 대 비틀스, 바브라 스트라이샌드와 엘리자베트 슈바르츠코프, "직업 음악가로서 기술은 하루하루 나아졌지만" 그것이 "직설적인 모티브 운용이라는 아마추어적 면모"와 충돌했던 베토벤, 그리고 과거의 연주를 분석할 때 "판 뒤집기 중첩"(78회전 레코드가 한 면에 4분밖에 수록하지 못했던 데에서 비롯된 제약 조건)을 고려해야 하는 이유 등으로 다양했다. 이들 에세이는 그가 쓴 재기 넘치고 위트 가득한 엉뚱하고 유쾌한 라이너노트의 연장선상에 있었다. 굴드가 쓴 라이너노트는 글의 양식과 접근 방식 면에서 18세기 신문인 『스펙테이터』지나 『태틀러』지에 실린 글들과 비슷했다. 굴드는 독자들에게 자기 피아노의 건강 상태를 알려주기도 했고,

다양한 폭의 음악적 문제에 관해 논평하거나 이론을 제시했으며, 심지어 본인 연주의 특정 부분에 관해 어떻게 평론을 쓰는 게 적당할지 평론가들에게 직접 조언하기도 했다.

예를 들어, 비제와 그리그의 피아노곡을 수록한 음반에 붙인 라이너노트에서 굴드는 작곡가 그리그가 자신의 외증조할아버지와 사촌지간이라고 밝힘으로써 그 누구도 시비할 수 없는 해석의 권위를 자신에게 부여했다. 비제 곡의 경우 앞서 발매된 바 없는 세계 최초 녹음이었던 관계로, 피아니스트는 레코드 리뷰어들에게 이렇게 제안하기까지 했다. "이 발매가 반가운 분들께서는 다음의 문구를 사용하시면 어떨까 싶다 — 오로지 최초 녹음만이 달성 가능한 생생하고 강력한 연주로서, 신선하고 순결할뿐더러 고故 아르투르 슈나벨께서 '나쁜 습관의 집합'이라고 재치 있게 표현한 전통으로부터 자유롭다. 그리고 반대로 이 음반에 담긴 해석이 타당치 못하다 여기는 분들께는 감히 다음의 독단적 문구를 추천드리는 바이다 — 유감스럽게도 아직 단단히 굳지 못한 연주로서, 여전히 구조적 조감도를 찾지 못해 헤매고 있는 해석이다."

그리고 리스트가 피아노용으로 편곡한 베토벤《교향곡 5번》앨범에는 굴드가 창조한 유쾌한 네 명의 가상 평론가들이 쓴 '패러디 리뷰'를 실었다. 그 네 명의 평론가란 『포노그래프』지의 험프리 프라이스-데이비스 경, 뮌헨 음악학 협회의 카를하인츠 하잉켈 교수, 노스다코타 정신과 의사 협회 소속 의학 박사 S. F. 레밍, 그리고 부다페스트 연합 음악 노동자 저널 『랩소디야』의 졸탄 모스타니였다. 한편 굴드는 힌데미트의 피아노 소나타 음반에 붙인 라이너노트로 1974년 그래미상을 받기도 했다.

몇 년 전, 굴드가 쓴 라이너노트와 기사, 에세이를 모아 책으로 출간하자는 이야기가 나왔지만 정작 당사자는 탐탁해하지 않았다. 전에 썼던 글을 다시 읽게 되면 문장을 고치고 수정하고 주석을 달고 살을 붙이고 해서 사실상 완전히 새로운 글을 쓰는 지경까지 가게 될 것 같다는 이유였다!♦ 캐나다의 음악평론가 윌리엄 리틀러는 굴드가 "리하르트 슈트라우스에 관한 라디오 다큐멘터리에 들어가는 2분 43초짜리 연설문 초안을 자그마치 131회나 ─ 그러니까 거의 1초에 1회꼴로 ─ 편집했다는 사실에 자긍심을 느꼈다"고 전했다. 말을 하기에 따라서는 글렌 굴드를 '통제광狂'의 전형이라고 표현할 수도 있겠다. CBC

♦ 굴드가 쓴 글들의 상당수는 팀 페이지가 편집을 맡은 책 《글렌 굴드 읽기(The Glenn Gould Reader)》에 묶여 피아니스트가 세상을 뜬 직후인 1984년에 출간되었다.

라디오의 음악 부문장을 지낸 존 리 로버츠가 언젠가 그랬듯, 굴드는 "인생의 매 순간 자기 자신을 완벽하게 통제하고 있다는 느낌을 받길 좋아한" 사람이었다. 정신분석학자 앤서니 스토어Anthony Storr, 1920~2001 박사는 예술인의 강박적 성격을 다음과 같이 설명한 바 있다. "강박적 기질의 가장 뚜렷한 특징은 자신과 자신을 둘러싼 환경을 모두 통제하려 하는 욕구일 것이다. 무질서와 즉흥성은 위협적이고 예측 불가능하므로 되도록 피해야 할 대상이 된다."

어떤 의미에서 굴드는 개인으로서의 삶과 예술가로서의 삶을 엄격한 규칙에 의해 운영되는 일련의 게임처럼 구축하고 꾸려갔다. 그러나 유머라고는 모르는 뻣뻣한 성향 때문에 자발성의 가능성을 원천 차단하는 다른 대부분의 강박적 유형과 달리 굴드라는 피아니스트가 스스로를 제한한 인생 게임은 오히려 그로 하여금 즉흥적이고 예측 불가능한 존재와 창조의 느낌 바로 그것을 표현하도록 했다. 적막한 호텔 방과 레코딩 엔지니어의 통제(!)실에 들어앉은 굴드는 자기만의 성역聖域이자 성림聖林을 조성했다. 징글맞은 구경꾼들과 걸핏하면 훈계부터 하려 드는 외부 세계와 동떨어진, 음악 및 기술과 관련한 자신의 강박을 연주하고 탐구할 수 있는 숨은 공간이었다.

어느 철학자는 만약 예술이 인간을 구원할 수 있다면 "삶의 진지함에서 그를 끄집어낸 뒤 예상치 못한 소년다움으로 회복시키는 과정을 통해서만" 그렇게 할 수 있다고 갈파한 적이 있다. 굴드의 컬럼비아 데뷔 음반─1955년 녹음한 바흐의 《골드베르크 변주곡》─ 재킷 커버에는 밀착 인화지 크기의 사진 서른 장이 사용되었는데(변주곡 한 곡당 사진 한 장인 셈이다), 각각의 사진에는 소년처럼 보이는 청년의 다양한 면모와 표현이 담겨 있다. 서른 장 사진을 한목에 몰아 보면, 원래 18세기 러시아 백작 카이제를링Hermann Karl von Keyserling, 1697~1764의 불면증을 다스리기 위한 목적으로 쓰였으나 어쩌다 보니 천재 음악가의 존재를 우리에게 일깨운 작품에 담긴 우아함과 재치, 스피드, 명료성, 열정, 용기, 그리고 흡사 중성적인 아름다움까지 표현한 놀라운 연주를 시각적으로 적절히 그려낸 것만 같다는 느낌이 든다.

1950년대 후반부터 1960년대까지 컬럼비아 레코드는 '천재의 소리'라는 오만한 광고 문구를 활용하여 저들의 클래식 음악 예술가들을 홍보하였다. 그러나 글렌 굴드의 경우에는 그 문구가 조금도 과하지 않았다. 발매하는 음반마다(굴드의 실황을 접한 행운을 누린 이들에게는 '연주회마다'라고 해야겠지만) 그가 보여준 전진은 오래전 전통

이십대 후반의 굴드가 녹음 작업에 열중하고 있는 모습.
(캐나다 국립 도서관)

적인 시대를 살던 십대들이 '톰 스위프트' 시리즈나 '낸시 드루' 시리즈◆ 신간 출시를 손꼽아 기다리며 느끼던 것과 유사한 흥분을 자아냈다. 글렌 굴드가 발매한 모든 신보는 듣는 수고를 들일 보람이 있는 피아노 레퍼토리가 있음을 입증하였을 뿐만 아니라(게다가 음반을 들은 사람들은 덤으로 굴드의 음악적 개성을 발견할 수 있었다), 일반적으로 통용되는 모든 문화적 계율과 연주 '표준'의 전제 조건이나 선입견에서 완전히 자유로운 한층 활력 넘치고 담대한 해석을 담고 있었다. 베토벤의 마지막 피아노 소나타 세 편, 모차르트와 하이든의 음악, 베르크와 쇤베르크, 에른스트 크레네크의 피아노 작품들, 브람스의 '간주곡집'이 모두 그랬고, 한시도 쉬지 않고 꾸준했던 바흐 녹음들이 또한 남김없이 그러했다. 거의 모든 신보에는 재기와 재치가 번뜩이는 굴드표 음반 해설이 수록되어 있었고, 레코드 재킷 또한 (황홀한 표정과 편안한 모습, 관능적인 모습, 몽상적인 표정을 자유자재로 오가는) 우리 영웅의 사진으로 변화무쌍했다. 이렇게 굴드는 우리에게 모험

◆ 톰 스위프트(Tom Swift)는 1910년부터 1941년까지 출판된 어린이용 연작 소설의 주인공으로, 과학자, 발명가 겸 모험가다. 낸시 드루(Nancy Drew)는 1930년 출판되어 큰 인기를 끈 탐정 소설의 주인공이다. ─ 옮긴이

과 발견을 갈망하게 했고, 그가 발표한 각각의 앨범은 그 갈망을 충족시켰다.

굴드가 우리의 기대를 충족시켜줄 수 있었던 건 그가 자신의 예술적 항로를 창조해가면서 스스로 발견해 나아간 음악적 탐험가였기 때문이다. 그는 어린아이의 눈과 귀로 관찰하고 들으면서 선배들은 거의 관심을 기울이지 않은 것들에 주의를 기울였다. 이탈리아 시인 자코모 레오파르디Giacomo Leopardi, 1798~1837는 "아이들은 아무것도 아닌 것에서 모든 것을 본다. 반면 어른들은 모든 것을 봐도 아무것도 보지 못한다"고 했다. 바로 이러한 어린이 같은 감각의 소유자였던 굴드는 윌리엄 버드의 파반, 바흐의 푸가, 베토벤의 바가텔, 브람스의 간주곡, 스크랴빈의 소나타, 쇤베르크의 모음곡 따위가 간직한 속살에 저마다의 아름다움과 에너지 — 이들이 작품 전체의 온전성과 힘에 이바지하는 것은 물론이다 — 가 담겨 있음을 인지했다. 굴드는 누군가 봉인을 풀어주길 기다리는 자질들을 찾아냈고, 그만의 특별한 마법의 터치는 감상자뿐만 아니라 피아니스트 본인도 예술적 창조 작업의 뿌리에 다가가게 했다. 그리고 바로 여기에 굴드라는 예술가의 궁극적 역설이 존재한다. 그는 관객과 거리를 두고 고립되길 택함으로써 오히려 관객과 더욱 가까이 밀착할 수 있었으며, 그 어떤 것에도 한눈팔지 않고 음악 안으로 들어가 자신을 오롯이 바침으로써 음악을 드러냄과 동시에 음악뿐만 아니라 자기 자신을 온전히 우리에게 전달할 수 있었던 것이다.

　　잠깐 개인적인 이야기를 해야겠다. 내가 글렌 굴드의 《골드베르크 변주곡》 음반을 처음 들은 건 사춘기 특유의 혼란과 불안으로 가득했던 열세 살 때의 일이다. 그때 나는 음악적으로나 감정적으로나 정신적으로나 뭔가 순간적으로 깨치는 것만 같은 경험을 했다. 마치 굴드라는 피아니스트의 연주가 니체의 예술론을 체화한 결실인 것만 같았다. 니체는 예술이 "치유의 전문가인 여자 마법사"와 같은 존재라면서 "오로지 그녀만이 [우리의] 발작적 메스꺼움을 함께 살아갈 만한 상상력으로 승화시킬 수 있다. 발작적 메스꺼움은 한편으로는 예술이라는 수단을 통해 공포를 잠재우는 숭고한 정신이며, 다른 한편으로는 예술을 통해 지루한 부조리로부터 우리를 해방하는 코믹한 정신"이라고 했다.

　　십대 시절 줄곧 나는 굴드가 뉴욕 지역의 무대에 선다는 소식만 들리면 어디든 찾아다녔다. 독주회 무대건 오케스트라와의 협연 무대건 가리지 않은 것은 물론이다.

한번은 이런 적도 있었다. 굴드가 베토벤의 《황제 협주곡》을 공연한다는 소식을 듣고 웨스트체스터까지 올라갔다. 협연을 맡은 오케스트라는 인근 지역의 음악가들을 적당히 끌어모아 급조한 악단이었다. 지휘를 맡은 인물은 (그의 이름은 밝히지 않으려 한다) 솜씨가 너무도 서툴러서 굴드가 스코어를 손에 들고 꾸부정하게 앉아서는 자기 연주는 연주대로 하고 나머지 정신으로는 길 잃은 단원들을 통솔했다. 단원들은 피아노 앞에 앉은 손님 음악가가 주는 신호를 감사히 받아들였고, 지휘자는 그런 줄도 모르고 지휘대 위에 서서는 제 나름대로 양팔을 휘저을 뿐이었다.

나는 또한 굴드가 카네기 홀에서 쇤베르크 《피아노 협주곡》을 리허설하는 걸 참관한 축복받은 서너 명 가운데 포함됐던 기억도 있다(지휘는 디미트리 미트로풀로스, 악단은 뉴욕 필하모닉이었다). 무대 옆문으로 등장한 굴드는 신발 없이 양말만 신은 차림으로 흡사 미끄러지듯 피아노로 다가왔다. 목에는 목도리를 둘렀고, 손에는 폴란드 워터 생수가 한 병 들려 있었다. 굴드는 대야에 담긴 따뜻한 물로 손을 데우고 연습에 돌입했다. 그리고 그날 저녁 내가 늘은 쇤베르크 협주곡은 그때껏 접한 것 가운데 가장 확신에 차 있고 생동감 있는 연주였다.

1955년《골드베르크 변주곡》 녹음 도중. (CBS 레코드)

　　1960년 뉴욕의 텔레비전 방송국 사무실에서 나의 영웅을 만날 기회가 주어졌다. 공연 실황을 촬영해 여러 편의 방송으로 내보내는 계획을 논의하는 자리였다(그러나 이 프로젝트는 실현되지 못했다). 미팅이 본격적으로 시작되기 전에 누군가 나를 굴드에게 소개해주었다. 여름임에도 불구하고 극지방에서나 입을 옷을 겹겹이 껴입고 온 그는 경계하듯 손을 내 쪽으로 내밀었다(자신의 신체를 보호하는 성향이 강했던 굴드로서는 좀처럼 하지 않는다고 알려진 행동이었다). 손을 맞잡기 무섭게 나지막한 고함이 들렸고, 나는 재빨리 손을 빼고 한껏 정중히 사과했다. 굴드는 어깨를 으쓱한 뒤 미소를 띠고 나를 용서해주었다 — 내가 베르크와 쇤베르크, 크레네크의 음악을 담은 그의 신보를 무척 반갑게 들었다고 하니 더더욱 화끈하게 용서하는 것 같았다.

　　1960년대 중후반에 걸쳐 나는 캘리포니아에 거주하면서 이따금 그에게 내 솔직한 감정을 듬뿍 담은 팬레터를 보내곤 했다. 편지는 영감과 혜안으로 가득한 굴드의 음반 — 특히 여섯 장으로 나뉘어 발매된《평균율 클라비어 곡집》— 에 감사하는 내용이 주를 이루었고, 간혹 그로부터 짤막한 답장을 받기도 했다. 1974년에는 사흘에 걸쳐 여섯 시간 동안 굴드와 전화로 대화를 나눈 내용을『롤링 스톤』잡지에 2부에 걸쳐 나눠 실었다(이 책 역시 이때의 인터뷰 내용을 수정 및 보완, 갱신하여 펴낸 것이다). 굴드와 내가 친구가 된 것도 사실은 이때 전화로 대화를 나누면서였다 ― 전화기는 그가 좋아하던 사람들과 연락하고 인연을 유지하는 일을 한결 수월하게 만들어준 물건이었다. 인터뷰 기사가 발표되고 난 뒤에도 괴악한 시간에 걸려오는 전화는 끊이지 않았다. 수화기 반대편에는 여러 외국어(독일어, 프랑스어, 러시아어)로 기묘한 악센트를 구사하는 통화자가 있었다. 물론 그 사람은 헤르 굴드요, 무슈 굴드요, 고스포딘 굴드였다.

1979년 피아니스트는 어느 날 저녁 내게 전화를 걸어 대뜸 이렇게 말했다. "아시다시피 3년 후면 나도 쉰입니다. 1982년이라면 피아노 녹음을 그만두기에 적당한 해가 아닐까 하고 생각해온 지가 꽤 돼요." 나는 나도 모르게 애원하는 목소리가 되어서는 "그러실 순 없어요!" 하고 외쳤다. 그러자 굴드는 나를 달래려 했다. "들어봐요. 그때면 바흐의 건반 작품을 하나도 빠짐없이 녹음했을 거고, 베토벤 소나타도 대부분 출반되어 있을 테니까…." 나는 그의 말허리를 잘랐다. "하지만 《소나타 28번 A장조, 작품101》은 어쩌고요? 언젠가 콘서트에서 연주하시는 걸 들은 적이 있는데, 그 곡을 그토록 아름답게 연주

《골드베르크 변주곡》을 녹음하는 굴드.
왼쪽은 1955년의 사진, 위쪽은 1981년의 사진.
(CBS 레코드)

한 사람은 단 한 명도 없었습니다." 이에 굴드는 웃으며 답했다. "아이고, 감사합니다, 선생. 그러나 만일 내가 끝내 그 곡을 녹음하지 못한다 해도 걱정하지 마십시오. 언제든 토론토로 올라오시면 직접 들려드릴 테니까." 그해 나는 2년간을 오롯이 바쳐야 하는 집필 작업에 착수했는데, 일 덕분에 세상 별의별 곳을 다 다니면서도 정작 토론토에 갈 기회는 생기지 않았다. 굴드가 약속한 나만의 리사이틀은 나중으로 미루지 않을 수 없었고, 안타깝게도 《작품101》 음반 발매 소식 역시 들리지 않았다.

1981년 피아니스트는 당시 CBS 레코드와 진행 중이던《골드베르크 변주곡》녹음 세션 전체를 공개하고 그것을 영상물로 제작하는 일에 동의했다는 소식을 알려왔다. 프랑스의 다큐멘터리 감독 브뤼노 몽생종이 제작하는 영상이었다. 녹음 과정을 영상으로 기록하는 건 굴드로서도 처음 해보는 일이라고 했다. 1982년 음반이 출시되었을 때 나는 재킷 사진에 담긴 굴드의 모습을 보고 지극히 걱정스러운 마음이 들었다. 그때껏 발매된 그의 음반 재킷 가운데 그토록 걱정과 고통, 슬픔에 잠긴 모습은 없었기 때문이다(게다가 음반 뒷면의 사진은 쿠션 없이 앙상한 의자만이 쓸쓸해서 더더욱 불길한 느낌을 전달했다).

이들 사진이 촬영된 건 1982년의 일이다. 그러나 몽생종의 훌륭한 다큐멘터리가 또렷이 보여주듯, 녹음 작업이 이루어지던 1981년의 굴드는 — 머리가 벗어지고 안경까지 낀 모습이 1955년의 깡마르고 풋풋한 소년 같은 용모와는 사뭇 다르긴 했지만 — 피아니스트로서 활동하던 중에 가장 깊고 기쁨으로 충만한 바흐 해석을 들려주던 중이었다. 음악을 지배하는 동시에 음악 아래에 깔려 흐르는 맥박 — 들리진 않지만 느낄 수 있는 — 에 의해 지탱되고 설명되는 굴드의 새로운《골드베르크 변주곡》은 요한 제바스티안 바흐의 음악 그리고 역사상 가장 위대한 건반 변주곡일 것이 틀림없을 작품에 관한 평생의 지혜와 이해를 축약적으로 보여주었다.

이 음반이 발매되고 몇 달 뒤인 1982년 10월 4일, 글렌 굴드는 눈을 감았다. 향년 50세였다. 굴드는 사망하기 전 브람스와 베토벤, 리하르트 슈트라우스의 곡을 담은 음반을 세 장 더 제작하긴 하였고(슈트라우스의《다섯 개의 피아노 소품, 작품3》을 제외하고는 음색과 접근법, 연주 방식에 있어서 굴드답지 않게 하나같이 우울하고 구슬픈 특징을 띠는 앨범들이다) 또한 지휘자로서 제2의 커리어를 막 시작한 참이었지만(체임버 오케스트라를 이끌고 바그너의《지크프리트 목가》를 녹음한 바 있다), 나로서는 그가 자신의 첫 일성—聲이었던《골드베르크 변주곡》을 마지막

유서요 유언으로 삼았다고 기억하고 싶다 — 공교롭게도 《골드베르크 변주곡》 역시 첫 곡 '아리아'가 제일 마지막에 반복되며 끝맺음하는 작품이다. 굴드는 거의 30년 전에 쓴 음반 해설에서 이 곡을 두고 다음과 같이 썼다. "끝도 시작도 없는 작품이며, 진정한 클라이맥스도 진정한 해소도 없는 음악이자, 보들레르 시 속의 연인들처럼 '자유롭게 살랑이는 바람의 날개 위에 사뿐히 내려앉는' 음악이다. 《골드베르크 변주곡》은 직관적 인식을 통한 통일성, 그리고 기교와 면밀한 검토에서 비롯되고 마침내 도달한 숙련도에 의해 부드러워진 통일성을 갖춘 작품이다. 그 통일성은 — 이는 예술 작품이 좀처럼 하지 못하는 바인데 — 힘의 정점에 올라 환호하는 잠재의식적 설계와 도안을 통해 우리에게 그 모습을 드러낸다." 그런데 이는 굴드의 연주에 그대로 적용해도 좋을 표현이 아닌가.

제1부

엘리자베스 1세 치세 말엽의 작곡가 올랜도 기번스에 대해 쓰시면서 이렇게 말씀하신 적이 있지요. "지극히 아름다운 음악임에도 불구하고 이상적인 재현 수단을 결여한 음악이라는 인상을 반박하기가 참으로 힘들다"고 말이지요. 그런가 하면 "바흐의 작품에 담긴 이상적 측면들"에 대해서도 언급하신 적이 있어요. '이상화'라는 개념에 중점을 두는 자세가 선생의 음악을 향한 접근 방식을 정의한다고 저는 보는데요…. 하지만 어쩌면 지나치게 추상적인 화두로 대화를 시작하는 건 아닌가 모르겠군요.

아니요, 오히려 좋습니다. 흥미로운 생각거리이기도 하고요. 만약 내가 말하고 쓴 내용을 모조리 컴퓨터에 쏟아붓고 분류 작업을 시키면 바로 그 문구 — "이상적인 재현 수단" — 혹은 대충 그런 뜻을 가진 문구가 가장 자주 사용된 표현이었다는 결과가 도출되지 않을까 싶기도 합니다. 전에는 몰랐는데, '이상화'라는 개념은 제 뇌리를 사로잡고 있는 생각이 맞습니다. 왜 그런 건지 이참에 한번 곰곰이 생각해보는 것도 재미있겠네요.

그렇지만 우선 실제적인 이야기부터 시작해서 점차 추상적인 이야기로 옮겨 가보도록 하겠습니다. 최근 어느 교육자 집단과 만나 기술만 주입하는 '공장들'이 피아니스트를 가르치고 기르는, 이제는 관행이 되어버린 문제에 관해 발언할 기회가 있었습니다. 나는 말입니다, 음악 선생이라는 직업군이 지어낸 허위가 있다고 생각합니다. 그 허위란 정확히 말하자면 이런 겁니다. 주어진 악기를 가지고 주어진 효과를 내는 방법에 관해 드러난 진실을 획득하기 위해서는 반드시 거쳐야 하는 사건의 연쇄가 있다는 믿음입니다. 교육자들 앞에 선 나는 이렇게 말했어요. 내게 당신들 시간을 30분만 주시오. 그리고 당신들의 정신과 조용한 방도 주시고. 그러면 당신 중 그 누구에게라도 피아노를 연주하는 법을 모두 가르쳐드릴 수 있을 거요, 라고 말입니다. 나는 피아노 연주에 관해 알아야 할 모든 사항을 단 30분 안에 가르칠 수 있다고 확신해요. 물론 한 번도 해본 적 없는 일이고 그럴 작정도 없긴 하지만. 왜냐하면 피아노 연주라는 건 ― 쇤베르크가 사용한 표현을 빌리자면 ― 지네의 움직임 같은 일이거든요. 그게 무슨 말이냐 하면, 쇤베르크는 특정 음렬을 특정한 방식으로 사용한 이유를 묻는 말에 적당한 대답을 찾을 수가 없었다고 해요. 지네가 백 개나 되는 발을 어떻게 움직여야 하는지 일일이 생각하다가는 아예 한 걸음도 못 떼지 않겠느냐는 소리였지요. 그래서 나는 그랬습니다. "그러한 이유로 나는 이 30분짜리 레슨을 가르칠 작정이 없습니다. 그러나 만약 레슨을 하기로 마음만 먹는다면 못 할 것도 없습니다. 왜냐하면 피아노 연주의 물리적 요소라는 건 워낙 보잘것없는 수준이기 때문입니다. 여러분이 바짝 정신을 차린 채로 정숙을 유지하고 내가 하는 말을 오롯이 받아들일 수만 있다면, 그리고 가능하다면 카세트테이프에 레슨 내용을 녹음해 나중에 언제든 다시 들을 수 있도록 준비만 해 온다면 30분짜리 레슨 한 번으로 충분합니다. 레슨을 받으신 여러분들은 굳은 기강을 그대로 유지하면서 레슨에서 얻은 정보들과 다른 종류의 신체 활동 사이의 연관성에 관심을 기울이게 될 겁니다 — 어떤 것들은 능력 밖이며, 어떤 종류의 표면에는 앉아선 안 되고, 어떤 종류의 자동차 좌석은 피하는 게 상책이라는 걸 알게 됩니다."

이 대목에서 왁자한 웃음이 터집디다. 사람들은 이 모든 게 늘 하는 루틴이라고 생각하는 모양들이었는데, 실은 전혀 그렇지가 않습니다. 도리어 나는 퍽 진지한 주장을 하고 있던 참이었습니다. 만약 내가 말한 그대로 따르는 사람들은 촉각과 움직임에 관련된 연주의 측면에 대해서는 완전히 해방된다는 이야기였으니까요. 아니아니, 고쳐 말하겠습니다. 촉각과 움직임에서 해방되는 것이 아니라 촉각과 움직임에 항구적으로 묶인다는 표현이 정확하겠네요. 하지만 지극히 단단히 동여매지기에 그 이후로는 제일도 아니고 제이도 아니요 제삼 정도의 주의만으로도 충분하게 될 겁니다. 일단 그렇게 단단히 들러붙은 걸 '어지럽히려면' 그것을 혼란시키는 일련의 여건들이 맞아떨어져야만 합니다.

언젠가 그런 '일련'을 경험한 적이 있어 이야기한 바 있습니다. 때는 1958년 가을로, 텔아비브에서 콘서트 시리즈를 진행하던 중이었습니다. 피아노 상태는 말할 수 없을 정도로 끔찍했는데, 제조사 이름은 굳이 거명하지 않고 넘어가겠습니다. [웃음] 이러쿵저러쿵해도 이스라엘은 사막 국가였고 — 이스라엘 사람들은 그 사실을 꾸준히 내게 상기시키더군요 — 당연히 거기에 있는 피아노도 사막 피아노일 수밖에 없었습니다. 아마 열여드레 동안 열한 번 연주회를 소화해야 하는 일정이었는데, 아이작 스턴에게야 아무것도 아닌 일일 테지만 내게는 무척 힘든 일입니다 — 아니, 무척 힘든 일이었다, 고 해야겠군요. 열한 번 연주회 중에서 여덟 번을 이 끔찍한 피아노를 감당해야 했던 것으로 기억합니다.

그런데 시리즈 도중 프로그램을 바꿔야 하는 때가 찾아왔습니다. 이건 심각한 문제였습니다. 왜냐하면 그때까지 나는 이전의 연주 경험에 바탕한 일종의 촉각 기억에 의존해 관성적으로 연주해오고 있었거든요. 그런 상황에서 갑자기 레퍼토리를 바꿔야 했던 겁니다. 조금이라도 연습을 하지 않을 수 없었고, 바로 그 순간부터 내리막길이 시작되었습니다. 바뀐 레퍼토리를 연주하기로 된 첫날 오후 리허설은 정말 처참했습니다. 나는 그야말로 돼지처럼 연주했어요. 망할 놈의 피아노를 견디다 견디다 폭발한 탓입니다. 악기를 부려야 할 연주자가 거꾸로 악기의 눈치를 보는 꼴이었어요. 매클루언♦이라면 아마 이렇게 말했겠지만, 나는 "다른 사람으로 둔갑"해야만 하는 처지였습니다. 그런 와중에 C장조 스케일조차 제대로 치기 힘든 피아노와 씨름을 하자니 걱정이 이만저만이 아니었지

♦ 마셜 매클루언(Marshall McLuhan, 1911~1980): 캐나다의 철학자, 미디어이론가, 문화비평가. "미디어가 곧 메시지"라는 관점으로 유명하며, 또한 '지구촌(global village)'이라는 용어를 처음으로 사용하였다. — 옮긴이

요. 피아노가 제시하는 여건 내에서의 연주 외에는 그 어떤 연주도 도모할 수 없는 상황이었으니까요.

당시 내게는 자동차가 한 대 있었습니다. 예루살렘에 있는 허츠 렌터카 사무실에서 빌린 자동차였습니다(그때 생각을 하면 지금도 기분이 좋습니다). 텔아비브 외곽으로 25킬로미터가량 떨어진 해변 도시 헤르츨리야(고급 호텔이 밀집한 지역으로 마치 산후안 힐튼 호텔에 있는 것만 같은 느낌을 주는 곳입니다)에 머물고 있어서 차가 필요했지요. 차를 몰고 모래 언덕을 올라 곰곰이 생각했습니다. 이번 연주회가 수렁으로 곤두박질치는 걸 막을 방법이 있다면 그건 내 뇌리에 남은 가장 뚜렷한 촉각적 여건을 재창조하는 길뿐이겠다는 결론을 내렸습니다. 그리고 당시 내게 '가장 뚜렷한 촉각적 여건'은 내가 사용한 지는 한참 되었으나 여전히 소유하고 있던 피아노와 관계된 것이었습니다. 그 악기는 세기 전환기 무렵인 1895년경에 제작된 치커링♦이었는데, 추정컨대 미국에서 마지막으로

♦ 치커링 앤드 선스(Chickering & Sons): 보스턴에 본사를 둔 미국 피아노 제작사. 1823년 설립되어 19세기 중반에 미국에서 가장 규모가 큰 피아노 제작사로 올라섰다가 1860년대에는 스타인웨이사에 추월당했다. 1983년에 폐업했다. ─옮긴이

제작된 클래식한 피아노가 아니었나 싶습니다 ─ 예스러운 B. F. 우드 에디션♦의 겉표지에서 따온 것만 같은 리라 문양이 찍혀 있기에 더욱 클래식해 보였던 악기입니다. 다리는 짧고 뭉툭했고 양쪽 측면은 다소 네모반듯한 악기였지요. 현재 녹음에 사용 중인 피아노도, 또 내 아파트에 있는 피아노도 모두 이 치커링 피아노를 원형으로 해서 제작한 악기들입니다. 내가 이상적으로 생각하는 터치와 애프터터치의 깊이 관계가 있는데, 여기에 맞추려면 스타인웨이는 상당한 정도의 조정 작업을 거치지 않을 수 없습니다. 전면적으로 조정하긴 어려운 문제라 내가 소유하고 있는 두 대의 피아노 모두 이 세기 전환기의 치커링을 모델로 하여 조정했습니다.

아무튼, 모래 언덕 위에 세운 차 안에 그렇게 앉아 우리 집 거실에 앉은 내 모습을 상상하기로 했습니다…. 그리고 무엇보다 먼저 거실의 모습을 머릿속에 그려내야 했습니다. 그런데 당시 나는 집을 떠난 지 석 달째였던지라 생각보다 만만치 않았습니다. 거실의 모든 살림살이와 물건이 어디에 있는지 생각해내려 애썼고, 그러고는 피아

♦ B. F. 우드 에디션: 벤저민 프랭크 우드(Benjamin Frank Wood, 1849~1922)가 1890년대 초 보스턴에 설립한 악보 출판사. ─ 옮긴이

노를 마음속에 그려냈습니다. 그리고… 우스꽝스럽게도 무슨 요가 수행자의 넋두리처럼 들리겠네요. 나로서도 정확히 이런 일은 한 번도 해본 적이 없었습니다…. 그러나 맹세컨대, 뜻하던 대로 되더군요.

어쨌건, 차 안에 앉아 바다를 바라보며 필요한 모든 기억을 끌어올렸고, 해가 떨어지기 전까지 바로 그 촉각적 이미지를 되살려내기 위해 필사적으로 매달렸습니다. 저녁에 강당으로 돌아와 연주회 무대에 섰습니다. 텔아비브에서 머문 기간 동안 진정으로 고양된 분위기를 느낀 것은 단연코 그날 저녁이 처음이었습니다 — 다루기 힘든 짐승과도 같던 그 악기에 조금도 얽매이지 않았으니까요. 다만, 최소한 피아노 소리가 처음 울려 퍼지기 시작하는 그 순간의 결과는 정말 아찔하고 무서웠습니다. 소리가 정말 미소微小했거든요. 소프트페달을 누른 채로 연주하는 것만 같은 느낌이었어요. 물론 소프트페달을 누르고 연주할 때도 가끔 있습니다만, 그처럼 뱃심 없는 피아노 소리를 낼 작정으로 그런 적은 없거든요.

충격을 받았고 약간 겁도 났습니다만, 퍼뜩 정신을 차렸습니다. '그래, 또 다른 촉각적 이미지를 사용하고 있으니 당연한 결과야.' 다루고 있는 악기의 특성을 참작하여 몇 가지 주거니 받거니 조정 사항을 반영했습니다. 그랬더니 정말 특별한 결과를 얻을 수 있었습니다 — 최소한 나는 그렇게 생각했습니다. 연주회가 끝나고 무대 뒤를 어슬렁대던 두 연로한 영혼도 그렇게 생각하는 것처럼 보였습니다. 둘 중 하나는 카프카 연구로 이름 높은 학자인 고㊌ 막스 브로트였습니다. 당시 브로트는 텔아비브에 거주하면서 그곳에서 발행되던 독일어 신문에 글을 기고하고 있었습니다. 브로트는 비서처럼 보이는 숙녀 한 분을 대동하고서는 몇 가지 듣기 좋은 말씀을 하더군요. 옆의 숙녀분은 — 여성분의 이름은 듣긴 했는데 금세 잊고 말았어요 — 내게 다가와서는 강한 독일어 억양으로 이렇게 말했습니다 — 참고로 제가 그날 연주한 곡목은 베토벤 '2번'이었음을 기억하시기 바랍니다. 그분은 이렇게 말합디다. [작당이라도 하듯 나직한 목소리로] "굴드 씨, 우리는 이미 텔아비브에서 열린 당신의 연주회를 수차례 참관했지만, 오늘 밤 연주회는, 뭐랄까 웬일인지 어떤 영문인지 뭔가가 달랐어요. 당신은 우리 중 하나가 아니었어요. 당신은 — 당신은 — 당신의 존재가 제거된 것 같았어요." 그 말에 나는 깊이 고개를 숙이고 대답했습니다. "감사합니다, 부인." 그녀는 사실 말하기 섬뜩한 그 무엇인가를 콕 짚고 있음을 나는 깨달았어요. 그렇지만 내가 실제로 행한 바를 영어 실력이 얕은 그녀에게 전달할 방법은 없음을 또한 깨달았지요. 그런데 대뜸 그 숙녀분이 이런 말을 하고 자리를 뜨지 뭡니까. "그래요, 오늘 연주는 내가 지금껏 들은 모차르트 가운데 단연코 가장 훌륭했어요." [웃음] 베토벤이었는데 말이죠.

사막 한가운데 차 안에 앉아 있으면서 베토벤을 허공에 대고 연주하셨나요, 아니면 계기판에 손을 대고 두드려 연주하셨나요, 아니면….

어느 쪽도 아닙니다. 비법은 손가락을 절대 움직이지 않는 것입니다. 만약 손가락을 움직이면 가장 최근에 노출되었던 촉각적 환경을 저절로 떠올리게 될 테기 때문입니다.

어느 작품의 연주 전체를 상상하는 것과 그 작품을 상상 속에서 연주하는 것 사이에 차이가 있을까요? 그때 선생께서는 머릿속으로 베토벤의 연주를 상상하고 있었던 것뿐 아니었을까요?

아닙니다. 그랬으면 일마나 좋겠습니까. 그게 반드시 우리가 이야기해온 것과 상충하는 것만도 아니고요. 하지만 일정 정도 양자가 겹치는 부분이 있고, 그러면 이런 저런 것들이 불거져 나옵니다. 그리고 바로 그 불거져 나오는 것들을 규정할 필요가 있다고 나는 생각합니다. 연주 전체를 상상하는 것과 상상 속에서 연주하는 것 사이에는 확실히 차이가 존재합니다. 그 차이란 말하자면 이런 겁니다. 선생께서 과연 이런 경험을 해보신 적이 있는지 모르겠지만 ― 그리고 나라면 절대 하지 않을 경험입니다 ― 몇 년 전쯤인가 혁신적인 치과 치료용 국소 마취 기법이 발견되었다는 소식이 전해진 적이 있습니다. 카르보카인이건 자일로카인이건 그 밖의 다른 무슨 카인이건 간에 어쨌든 국소 마취제에 어떤 이유로든 부작용을 보이는 환자에게 임의로 조작할 수 있는 다이얼을 두 개 줍니다. 다이얼 중 하나로는 백색 소음을 조절할 수 있고 다른 하나는 라디오나 카세트테이프, 혹은 레코드플레이어에 연결되어 있습니다. 이들 장치에서는 환자가 익히 알고 있는 음악 정보 ― 이를테면 만토바니♦나 베토벤 같은 ― 가 흘러나옵니다. 말하자면 듣는 이를 금세 '끌어

♦ '만토바니 오케스트라'를 가리킨다. 이탈리아계 영국 지휘자 안눈치오 파올로 만토바니(Annunzio Paolo Mantovani, 1905~1980)가 창설한 경음악 전문 연주 단체로, 20세기 중후반 전 세계적으로 큰 인기를 끌었다. ― 옮긴이

당길 수 있는' 음악이어야 합니다. 그렇다는 말은, 환자가 음악을 듣고 싶어도 모종의 방해물이 가로막고 있다는 뜻이 됩니다. 벽과 같은 공간이 있어서 성가시게 군다는 거지요. 백색 소음을 조절하는 다이얼이 바로 그 벽을 표상합니다. 소음과 음악의 비율은 다양하게 조절할 수 있지만, 그 어떤 경우에도 백색 소음이 음악 소리를 압도하는 비율이어야 합니다. 그러니까, 머릿속으로 기억하고 있는 음향의 찌꺼기라도 들으려면 말 그대로 백색 소음의 벽을 뚫기 위해 싸워야 하는 상황인 거죠. 이러한 방법이 치과 진료에서 사용할 수 있는 가장 효과적인 국소 마취 방법이라는 사실이 밝혀졌습니다. 실험을 시도한 사람들은 놀라운 성공을 거둔 것이긴 한데… 문제는 그 효능이 입증되었음에도 불구하고 이 방법을 선뜻 받아들이겠다고 나선 환자들이 거의 없었다는 점입니다. [웃음] 하지만 내가 생각하기에 이 마취법이 성공적인 이유는 퍽 자명합니다. 당장 가장 큰 걱정거리가 아닌 뭔가 전혀 다른 대상에 집중하지 않을 수 없는 상황이 되면 그 집중의 과정에 어떤 초탈의 요소가 생겨나기 때문입니다.

비슷한 사례를 한 가지 더 말씀드릴 수 있겠네요. 오래 진 일인데, 베토벤 《피아노 소나타 30번, 작품109》를 처음으로 연주하게 되었습니다. 열아홉 살 때 일이었어요.

처음 연주하게 된 작품이 있으면 비교적 규모가 작은 캐나다 마을에서 먼저 시범적으로 연주하곤 하던 땐데, 이 작품이 곧 다가올 연주회 프로그램에 포함되었던 겁니다. 그래서 토론토에서 120마일 정도 떨어진♦ 킹스턴이라는 대학촌에서 열리는 연주회 무대에 먼저 올려보기로 했습니다. 나는 연습을 죽어라 하는 스타일이었던 적은 없지만 ─ 지금은 거의 연습을 하지 않습니다 ─ 그때 역시도 피아노의 노예와는 거리가 멀었습니다. 나는 작품을 처음 공부할 때 피아노 없이 악보만 읽는 편입니다. 우선 악보를 완벽히 외운 뒤 그다음에야 피아노 앞에 앉는 겁니다 ─ 그리고 물론 이 역시 촉각을 이런저런 종류의 표현적 징후와 결별시키는 또 다른 단계였다고 볼 수 있겠습니다. 아니, 그렇게 말하는 건 아주 정확하진 않겠습니다. 왜냐하면 분석적 개념에 이미 특정한 표현적 징후는 내재되어 있지만 촉각적 가설은 내재되어 있지 않은 경우도 있어서입니다.

자, 베토벤의《작품109》는 딱히 어렵거나 힘이 많이 드는 곡은 아닙니다. 그렇지만 거부할 수 없는 공포를 주는

♦ 토론토와 킹스턴 사이의 실제 거리는 약 165마일(260킬로미터)에 달한다. 굴드의 기억에 약간의 빈틈이 있는 듯하다. ─ 옮긴이

순간이 딱 한 군데 있습니다. 선생께서도 알고 계실 수 있겠습니다만, 마지막 악장의 제5변주 부분에서 6도 음정이 온음계적으로 상향하는 대목입니다. 참 곤란한 순간인데, 검은 건반과 흰 건반을 오가는 핑거링도 문제지만 반복의 문제가 가장 빈발하는 가온음(미들C)으로부터 두 옥타브 위 언저리 지점에서 음형 교체가 일어난다는 점도 특히 까다롭습니다. 바로 이 지점에서 6도 음정을 3도 음정으로 전환해야 하는데, 그걸 순식간에 해내야 하거든요. 내가 그때껏 접한 연주들에서는 이 대목만 되면 피아니스트들이 마치 불난 마구간에서 달음질치는 말처럼 겁에 질린 표정들을 하고 있었는데, 내막을 모르던 나로서는 뭐가 그리 두려워서 저런 표정들인가 궁금하기만 했었습니다.

어쨌거나 이 곡을 처음으로 치게 될 순간을 두세 주 앞두고 나는 악보 공부를 시작했고, 킹스턴 연주회를 일주일 남겨놓고 비로소 연습을 시작했습니다(자기 무덤을 파는 것 아니냐, 하고 생각하시겠지만, 나는 늘 이런 식으로 작업합니다). 나는 당장 '가만있자, 제5변주를 먼저 한번 해볼까, 별문제가 되지 않을지 확인도 할 겸' 하고 생각했습니다(결론적으로 이는 아둔한 선택이었습니다. 어쩌면 심리를 몰라도 그리 몰랐는지 말입니다). 어렸을 때 피아노 앞에 앉아 더듬더듬 칠 때의 기억이지만 이 대목은 전혀 문제가 되어 보이지 않았거든요…. ‘그래도 한번 해보기나 하자. 만약을 대비해 핑거링도 점검해두고.’ 뭐, 그런 생각이었습니다. 그런데, 늘 하던 대로 연습을 하자니 문제가 첩첩산중으로 터져 나오는 겁니다. 꽤 오랜 시간을 들였지만 결국 이 대목에서 제대로 막혀버렸음을 인정하지 않을 수 없었습니다. 온갖 우회 수단 ― 가령 아예 이 곡은 연습을 전혀 하지 않는 등 ― 을 동원하여 제거하려 노력했던 이 장해물은 오히려 계속 덩치를 키웠고, 마침내 연주회는 사흘 앞으로 닥쳤습니다. 급기야는 이 대목만 되면 잔뜩 겁을 먹어서는 연주를 멈추지 않을 수 없는 지경까지 되었습니다. 그냥 얼어버린 거죠.

무슨 수라도 내야 했습니다. 이를테면 프로그램을 변경하거나, 제5변주만 빼고 연주하거나, 아니면 사람들은 모르는 작곡가 자필 악보와 관련해 내가 뭔가 새로이 알아낸 사실이 있는 척하거나 말이지요. 그래서 ‘최후의 수단’을 시도해보기로 했습니다. 피아노 옆에 라디오 두 대, 혹은 라디오 한 대와 텔레비전 한 대를 두고 음량을 최대로 틀어놓은 채 연습하는 방법이었습니다. 오랜 시간이 흐른 뒤에 읽었던 마취제를 사용하지 않은 치과 마취법과 사실상 같은 실험을 한 거죠. 옆에 놓인 기계의 음량이 너무 커서 내가 하는 연습을 느끼기는 느끼되 귀에 들리는 건 거의 라디오 스피커와 텔레비전 스피커가 토해내는 소리뿐이었습니다. 이 지점에서 나는 내 집중력의 영역을 분할하고 있었고, 그 분할의 격차가 너무도 커서 그것 자체로는 반응의 연쇄가 끊이지 않으리라는 점을 깨닫게 되었습니다(연습의 효과는 바로 나타났고, 문제는 점차 사라지기 시작했습니다. 자신의 연주를 들을 수 없다는 사실, 다시 말해 너 자신의 실패를 입증할 청각적 증거가 없다는 사실이 이미 올바른 방향으로 나아간 한 걸음이었던 겁니다). 그러나 그것만으로는 부족하며 뭔가를 더 해야만 한다는 사실도 곧 깨달았습니다.

제5변주 해당 부분의 왼손에는 다소 밋밋한 네 음표짜리 시퀀스가 주어져 있습니다. 네 음표 중 세 번째 음표는 마디선을 넘어 이음줄로 이어져 있지요. 이 네 음표로 할 수 있는 것은 그다지 많지 않습니다. 그렇지만 이렇게 생각을 해보았습니다. '좋아, 강세 등으로 해서 가능한 순열의 조합이 대여섯 개 정도는 나오겠지.' [그러면서 굴드는 그중 몇 가지 버전을 직접 흥얼댄다] 그리고 그 네 개의 음표를 최대한 비음악적으로 연주하였습니다. 사실 비음악적이면 비음악적일수록 더 좋았어요. 왜냐하면 비음악적인 소리를 내려면 더욱 집중해야 하니까요. 그리고 거기에 쏟은 노력은 지극히 성공적인 결과를 되돌려주었다고 해야겠군요. 어쨌거나 그러는 동안 내 정신은 오로지 왼손에만 가 있었고 ― 오른손은 사실상 거의 잊고 있었어요 ― 각양각색의 템포로 되풀이해서 연습하면서 그러는 동안에도 라디오는 계속 시끄럽게 울고 있었습니다. 그러고 있는데… 문득 돌파구의 순간이 찾아왔습니다. 라디오를 끄고 생각했습니다. '아직 완벽하게 준비가 된 것 같진 않아…. 우선 커피 한 잔을 해야겠어.' 그러고는 몇 가지 다른 핑계를 만들어 어정대다가 마침내 다시 피아노 앞에 앉았습니다. 장해물은 사라진 상태였어요. 요즘도 이따금 장난삼아 피아노 앞에 앉아 장해물이 여전히 사라진 채인지 확인하기 위해 같은 악절을 연주해보곤 합니다. 역시 연주에 문제가 없더군요. 그렇게 이 곡은 내가 가장 좋아하는 연주회 레퍼토리가 되었습니다.

자, 요점은 어떤 악기건 간에 악기가 촉각상의 문제를 한 부더기 딘저준다는 개념을 제거하고 시작할 수 있는 방법을 찾아야 한다는 겁니다. 물론 악기를 다루다 보면 촉각상의 문제와 맞닥뜨리지 않을 수 없습니다. 그러나 그러한 문제들을 말하자면 제곱근화化시켜 최소화해야 하고, 동시에 다른 어떤 상황에도 마찬가지 방식으로 대응해야 한다는 이야기입니다. 그렇다면 문제는, 미리 음악을 비촉각적으로 넉넉히 경험함으로써 피아노라는 악기 본연의 기능이 걸리적대지 않도록 하는 일일 테지요. 쉬운 일만은 아닙니다. 때로는 음악 소리가 어떤지 듣고 싶어지는 법이니까요. 그러나 특정한 분석적 이상(모순되는 개념이긴 한데, 정확히 어째서 그런지는 막상 생각이 나지 않네요 — 오늘은 머리 회전이 좀 둔하군요, 어쨌든…)과 분석적 완결성은 피아노를 멀리하는 한에서는 어쨌거나 이론적으로는 가능합니다. 피아노에 다가가는 순간 촉각이 개입됨으로써 그 완결성은 떨어지게 되는 것이고요. 촉각의 개입을 영원히 미뤄둘 수만은 없겠지요. 하지만 그 효과를 얼마나 최소화할 수 있느냐에 따라 우리가 이야기하고 있는 이상에 도달할 수 있는지의 여부도 좌우될 겁니다.

다수의 피아니스트가 저마다 꾼 악몽에 대해 이야기하곤 합니다. 알몸으로 무대에 오르는 꿈이라든가, 마치 '스파키의 마술 피아노'*처럼 피아노 앞에 앉았는데 갑자기 연주 불능 상태에 빠지는 꿈처럼요.

♦ 스파키의 마술 피아노(Sparky's Magic Piano): 1947년 캐피틀 레코드가 발표한 어린이용 오디오 동화. — 옮긴이

내게 그런 종류의 꿈은 딱 한 가지뿐입니다. 연주회 무대에 서는 일을 중단한 이후로 그런 꿈도 좀 덜 꾸지 않겠느냐 싶겠지만, 그렇지가 못합니다. 간단히 말해 꿈도 다른 매체로 넘어갔달까요, 이제는 녹음 세션과 관련된 악몽을 꿉니다. 꿈속에서 나는 언제나 녹음하기로 알고 있는 레퍼토리와 실제 녹음해야 하는 레퍼토리가 달라 낭패를 겪습니다. 그리고 혼자 하는 녹음이어서는 아무래도 심하게 곤란하진 않을 테니까 보통 오케스트라와 협연해야 하는 자리로 마련이 됩니다. 이 꿈을 기본 주제로 한 변주곡 같은 꿈이 여럿입니다.

그중에서 가장 구체적인 변주곡은 오페라하우스를 무대로 벌어집니다. 나는 무대 뒤 비좁고 갑갑한 대기실 구역을 서성이고 있습니다. 그때 누군가 나를 향해 다가옵니다 ─ 루돌프 빙*이나 롤프 리버만** 급의 인사입니다.

♦ 루돌프 빙(Rudolf Bing, 1902~1997): 호주 태생, 영국 국적의 오페라 흥행주. 1950년부터 1972년까지 뉴욕 메트로폴리탄 오페라의 총감독을 지냈다. ─ 옮긴이

♦♦ 롤프 리버만(Rolf Liebermann, 1910~1999): 스위스 태생의 작곡가 겸 음악 행정가. 1959년부터 1973년까지 함부르크 국립 오페라 예술 감독을, 1973년부터 1980년까지 파리 오페라 예술 감독을 역임했다. ─ 옮긴이

그러고는 황급한 기색으로 내게 호소합니다. "굴드 씨, 여기 계셔서 얼마나 다행인지요. 우리를 꼭 좀 도와주셔야겠습니다!"

애기를 들어보니, 마담 칼라스를 주인공으로 하는 벨리니의 모 오페라를 올려야 하는데 바리톤 주역이 갑자기 병에 걸렸거나 목소리가 나오지 않는다면서 대신 내가 무대에 서야 한다는 겁니다. "그게 무슨 얼토당토않은 소립니까. 나는 성악가가 아닌데요.""하실 수 있습니다. 그러니까 제 말인즉슨, 굴드 씨께서는 악보를 읽을 줄 아시잖습니까. 음악에 관한 타고난 이해도도 있으시고요…." 그러면서 내 손에다 악보 책을 던지다시피 안기는 겁니다. 나는 악보를 넘겨가며 서둘러 읽으면서 거기 담긴 음악 언어를 이해해보려 애를 씁니다. 관계자는 무대 뒤에서 내가 등장해야 하는 장면의 상황을 대충 설명해주겠다면서 그 이후로는 그저 나의 음악적 양심을 따르면 될 거라 합니다.

이렇게까지 말하는데 내가 그들의 부탁을 어찌 거절하겠습니까? 마담 칼라스가 제단 앞에서 무릎을 꿇으면 그때 무대 왼쪽으로 등장하면 된다고, 무대 뒤편에서 대기 중인 내게 누군가 일러줍니다. 그러면 칼라스 여사가 나를 맞은 뒤 함께 이중창을 부를 거라고 합니다. 나는 시키는 대로 합니다. 짐작했던 대로 선창은 칼라스의 몫입니다. [굴드는 화려하고 장식적인 콜로라투라 패시지를 흥얼댄다] 뭐, 이런 식으로요. 거기에 맞춰 나는 6도 화음과 3도 화음을 넣습니다. "야 덤, 야 다 라 다 리이이 다 라…." 대단히 멋지게 어우러지며 한참 신을 냅니다. 그러다 갑자기 E장조로 향하는 줄 알았던 감화음이 경로를 돌려 G장조로 갑니다 — 감화음들은 그런 경향이 있잖아요. [웃음] 그렇게 나는 낙동강 오리알처럼 이도 저도 못하고 뻘쭘하게 서 있습니다…. 선생의 알몸 꿈 컬렉션에 이 꿈을 더하셔도 좋겠습니다.

이상적인 연주를 향한 몰입 중에 종종 흥얼대고 노래를 하시는 것으로 유명합니다. 그래서 선생의 독주회는 이따금 가곡 독창회가 되기도 한다고들 말합니다. 나는 이것이 선생이 다루는 악기가 유연하거나 완전치 못하여 그 빈틈을 메우는 행위라고 늘 느껴왔습니나. 히지만 만약 선생의 음반에 서린 이 '시끄러운 유령'의 소리를 지우는 것이 가능하다면, 그렇게 하시겠습니까?

오, 물론입니다. 내가 흥얼대는 소리를 지우는 일을 하는 이퀄라이제이션 시스템을 찾을 수만 있다면 — 아직까지는 그런 게 있다는 소리는 들어보지 못했습니다 — 얼마든지 그렇게 하겠습니다. 만약 그 소리가 어느 특정 주파수에만 머물고 그 주파수를 지우는 것이 피아노 소리에 영향을 미치지 않는다면 당장에 그렇게 할 텐데 말입니다. 나는 그 소리가 자산이 된다고는 전혀 생각하지 않습니다. 내게 그 소리는 늘 내 곁에 머물러온 불가피한 그 무엇일 뿐입니다. 사실 내 어린 시절부터 — 학생 연주회에서 내 장기 곡을 연주하던 아홉 살 열 살 무렵이었으니 정말 어린 시절이었습니다 — 사람들은 최근 내가 발매한 음반에 대해 하는 말과 정확히 똑같은 말을 했습니다. 그러니까 예나 지금이나 바뀐 게 없는 셈이지요. 좀처럼 없앨 수 없는 버릇인 겁니다.

피아노 옆에 칸막이를 두고 녹음을 하기 시작한 게 1966년인가 1967년부터였습니다. 칸막이가 조금은 도움이 되었어요. 칸막이를 사용한 시점을 분기점으로 해서 그 전과 후의 녹음을 일대일로 비교하면 개선된 점이 현저히 느껴집니다. 그런데 또 다른 문제가 생겼어요. 녹음 작업의 거점을 토론토로 옮긴 뒤로는 뉴욕보다 건조한 홀 음향에 골치를 앓고 있습니다. 그게 내 목소리를 더욱 부각하는 것 같거든요. 음향이 건조한 홀이기 때문에 우리는 오히려 그런 점을 역이용하기로 했습니다. 마이크를 아주 가까이 배치한 거죠 — 우리 팀은 원래부터 마이크를 가까이 배치하긴 했어요. 사람들이 이상적으로 여기는 도이체 그라모폰의 콘서트홀 픽업은 한 번도 사용해 본 적이 없고요. 하지만 토론토에서는 마이크를 평소보다도 더 가까이 배치했습니다. 덕분에 아주 훌륭하고 깨끗한 사운드가 가능해졌다고 생각하는데, 다만 불가피하게 내 목소리가 더욱 강조되는 애로점은 있습니다. 그러니까 지난 2년 동안 목소리의 간섭은 다소 더 커졌다고 봐야겠지요. [웃음] 그래도 1967년 이전 시점에는 미치지 못할 겁니다.

초창기에 발매한 음반 중에 세션 때 방독면을 쓰고 녹음한 음반이 있다는 이야기도 들은 적이 있는데요.

아뇨, 방독면을 쓰고 녹음한 음반은 없습니다. 누가 녹음실에 가져온 방독면을 새미 삼이 써본 적은 있어요. 그러고는 그대로 쓰고 있을 작정인 양 시늉을 했었죠. 컬럼비아 레코드사가 내게 처음 붙여준 프로듀서였던 하워드 스콧이 군용 물품 판매점에서 사 와서 장난을 친 것으로 기억해요.

선생께서는 피아노 앞에 앉은 자세 때문에 수많은 조롱의 표적이 된 바 있습니다. 바닥에 딱 붙다시피 한 의자에 앉아 구부정한 자세를 유지하고, 오른손이 연주할 때 왼손으로는 지휘 동작을 하기도 하시지요. 코가 건반 바로 위에 위치하고, 황홀경에 빠져 까무러칠 듯한 동작을 하기도 하십니다. 그야말로 온몸이 음악적 상황에 기민하게 반응하는 것 같습니다. 가능하다면 선생 연주의 이러한 측면을 바꾸고 싶습니까?

아니요, 만약 그런 행위들을 하지 않으면 내 연주 수준은 급격히 떨어지고 말 겁니다. 그러니까 필수 요소인 셈인데, 사람들이 그걸 가지고 시비하는 이유를 나는 도무지 모르겠습니다. 내가 콧노래를 흥얼대는 건 다른 문제입니다. 5달러 98센트를 투자한 사람들 입장에서는 몹시 불쾌하게 여기면서 "맙소사, 내가 왜 저 소리를 들어야 하지? 기록으로서는 흥미가 있을지 몰라도 소리로서는 짜증스럽기만 한걸" 하고 불평을 함 직한 사항이니까요. 나라도 그러겠습니다. 기왕 말이 난 김에 더 얘기하자면, 일전에 바비롤리가 남긴 마지막 레코드인 쇤베르크의 《펠레아스와 멜리장드》를 들었는데, 지휘자가 도중에 몇 번이나 감정에 휩쓸리는 게 뚜렷이 들리더군요(그래도 정말

1957년 모스크바 연주회 무대 위의 굴드.
굴드는 소련에서 연주한 최초의 캐나다 국적 음악가였다.
(캐나다 국립 도서관)

굉장한 연주였습니다). 나는 별로 거슬리지 않았지만, 다른 사람들은 충분히 그럴 수 있겠다 싶습니다. 그렇게 치자면 카살스의 레코드도 마찬가지지요. 이의를 냄 직한 문제입니다. 하지만 내 왼손과 오른손 사이의 관계는 단연코 개인적인 문제이지 않겠습니까. 그걸 걸고넘어지는 사람이 있다는 게 나로서는 납득되지 않습니다.

선생께서 기억해주어야 할 게 하나 더 있습니다. 코가 피아노 건반에 닿은 것으로 내 연주 모습을 희화화해 그린 캐리커처와 관련된 문제입니다. 그런데 사실 그런 일은 레퍼토리와 관련해 최적의 상황에서만 일어납니다. 일반적으로 적용할 순 없다는 이야기입니다. 지금부터 빌헬름 바크하우스가 되었건 누가 되었건 그런 사람들처럼 꼿꼿이 앉을 수 있는 것도 아니고요. 나는 소싯적 이미, 악기를 능숙히 다루는 사람들이 거하는 왕국으로 들어가는 몇 가지 열쇠 — 프로이센 학파의 열쇠는 당연히 아닙니다 — 가 있다는 사실을 발견했습니다. 레퍼토리와 관련하여 특별한 조건이란 손을 넓게 벌릴 필요가 없는 상황과 관계있습니다. 이를테면 바흐나 모차르트, 혹은 바흐보다 선배 작곡가들의 음악이 여기에 속합니다. 하지만 내 자세로는 스크랴빈의 음악은 연주할 수 없습니다. 단순히 말해 불가능합니다. 이유는 간단합니다. 손을 넓게 벌려야 하는 자세를 지탱하기 위해서는 건반에서 멀리 떨어져 앉지 않을 수 없기 때문입니다. 그러나 바흐는 건반에 바짝 붙어서 연주할 수 있고, 또 그렇게 해야 합니다. 그렇게 함으로써 소리를 깨끗하게 할 수 있고 소리의 피아노성性을 최소화할 수 있으며 통제력을 늘릴 수 있기 때문입니다. 오늘 어느 상원의원이 그랬던 것처럼 잔뜩 흥분해서는 "천 배는 그렇다" 따위의 소리는 하고 싶지 않지만(온종일 워터게이트 청문회를 시청했는데, 그 상원의원 이름이 기억이 안 나네요. 아, 그래요, 거니♦였네요), 상당한 정도로 개선될 것은 틀림없습니다.

또 다른 관여 요소는 사용하는 피아노의 특징입니다. 관례적으로 쓰이는, 액션이 무겁고 움직임 폭이 깊은 피아노를 사용할 때는 그에 맞춰 필요한 조정을 해야 합니다. 말이 난 김에, 피아노 선생님들이 퍼뜨리길 좋아하는 또 다른 오해에 대해서도 말해봅시다. 다루기 까다로운 악기로 피아노를 배우는 게 어떤 점에서는 이롭기도 하다는 개념이 널리 만연해 있습니다. 액션이 무거운 피아노로 연습하는 일에 익숙해지면 나중에 액션이 가벼운

♦ 에드워드 거니(Edward Gurney, 1914~1996): 미국의 변호사 출신 공화당 정치인으로 1969년부터 1974년까지 플로리다주 상원의원을 지냈다. ─ 옮긴이

피아노를 만났을 때 연주가 그만큼 수월해질 거라는 이론입니다. 그 논리대로라면 피아노를 배운 사람들은 모두 하프시코드 실력이 뛰어나야 한다는 얘기인데, 이 얼마나 비상식적인 주장입니까. 사실은 그렇지 않습니다 — 오히려 그 정반대입니다. 피아노를 잘 치는 사람은 하프시코드 연주가 그만큼 더 어렵습니다. 하프시코드를 기준으로 할 때 피아노는 적정선을 넘는 악기이기 때문입니다.

내 경우에는 지난 15년간 딱 한 대의 피아노를 사용하고 있어서 악기 문제로 골치를 썩이지 않는 편입니다. 1960년 이후로 내 모든 녹음 작업에 사용된 피아노는 1945년에 제작되어 내 요구에 따라 1960년에 수리와 조정 작업을 거친 악기입니다. 조정 작업은 이후로도 수차례 있었고, 특히 작년에는 트럭에서 내리다가 떨어뜨리는 바람에 완전히 재조립해야 하는 대수술도 겪었어요. 아무튼 요점은, 내가 사용하는 피아노는 액션이 아주 가볍고 사실상 내가 선호하는 모든 피아노가 그렇다는 사실입니다. 내 피아노 소리가 깡통 소리 같다는 둥, 하프시코드 소리처럼 들린다는 둥, 심지어 가짜 하프시코드 소리처럼 들린다는 둥 일일이 주워섬길 수도 없는 말들을 합니다. 그럴지도 모릅니다. 내 생각에는 지금껏 연주했던 그 어떤 피아노보다 투명한 소리를 가진 피아노입니다 — 모든 음역대가 명료한 유일무이의 특징을 가진 특별한 악기입니다. 나는 내 피아노를 사랑합니다. 하지만 아까도 말했듯 액션이 아주 가벼운 악기인 건 사실이에요. 만약 납 부착 시스템이 다르다면, 만약 건반의 드래프트(건반의 하방下方 이동)가 다르다면, 만약 건반을 누를 때의 애프터터치와 킥백 포인트 간의 관계가 다르다면 ― 만약 이들 중 하나 혹은 이 모든 요소가 다르다면 내가 앉은 자세로 피아노에 앉을 순 없을 겁니다. 부득불 몸의 중심을 다른 데 두고 건반에서 더 떨어져 앉지 않을 수 없을 테니까요.

그러나 이 관습적 지혜 ― 그 연원은 나도 모릅니다 ― 가 20세기 초 전 세계로 퍼져 나가면서 훌륭한 명품 피아노들은 어떻든 액션이 무거운 피아노일 거라는 잘못된 인식 또한 팽배해졌습니다. 일례로 메이슨 앤드 햄린은 한때 명품 피아노로 대접받았지요…. 아름다운 특징을 갖춘 악기였지만 액션이 너무 무거워 나로서는 매력을 느낄 수 없는 피아노였습니다. 그런 종류의 악기들, 그리고 그런 악기를 모델로 해서 만든 다른 악기들은 내가 선호하는 자세를 적용하기에는 무척 까다로울 겁니다.

피아노 음반만 발매해오신 건 아닙니다. 헨델의 모음곡 네

편을 모은 하프시코드 음반도 취입하셨고, 바흐의 《푸가
의 기법》제1부를 오르간으로 연주해 담은 멋진 음반도 내
셨지요. 이런 음반들을 들어보니 한 가지 일관된 특색이
귀에 들어오더군요. 주어진 악기의 두드러진 기질적 특징
을 거스르려는 의도가 읽힌달까요. 예를 들어, 긴 선율선
과 지속적인 레가토 주법은 피아노의 강점인데, 선생께서
는 굳이 이 두 가지를 하프시코드로 구현해내기 위해 애를
씁니다. 그리고 오르간 건반 앞에서는 피아노와 하프시코
드의 특징에 가까운 날렵함을 빚어내고요.

그래요, 제대로 보셨습니다. 일종의 교차수정과도 같은
작용이라고 하겠습니다. 그런데 오르간 음반과 하프시코
드 음반과 관련하여 비밀 하나 알려드릴까요? 두 음반 모
두 해당 악기를 조금도 연습하지 않은 상태에서 녹음했
답니다. 양쪽 모두 연습은 오로지 피아노로만 했다는 말
입니다. 나는 하프시코드를 가지고 있지도 않고 가졌던
적도 없어요. 내가 연주하고 싶은 하프시코드는 세상에
딱 하나뿐입니다. 바로 비트마이어Wittmayer 하프시코드
인데, 그 촉감과 건반 너비가 피아노와 흡사하다는 이유
만으로 여러 전문 하프시코드 연주자들은 콧방귀를 뀌는
모델인 듯하더군요. 그래도 나는 좋기만 하니까 상관없지

만요. 내가 녹음에 사용한 비트마이어 모델은 이곳 토론토의 어느 성가대 지휘자가 취미로 사용하던 물건입니다. 길이가 5~6피트 정도 되는 베이비 그랜드피아노와 맞먹는 덩치를 가지고 있지만, 자존심 있는 하프시코드 연주자라면 마땅히 추천함 직하고 나 또한 몹시 소장하고 싶은 4피트짜리 류트-하프시코드가 제공하는 편안함은 부족한 악기입니다. 아무튼, 헨델 음반은 녹음 세션을 진행하면서 악장별로 그때그때 레지스트레이션♦을 결정했습니다. 오르간 음반도 마찬가지였어요. 물론 오르가니스트로서는 경험이 좀 있었죠. 어렸을 때 오르간을 연주해본 적이 있었으니까요. 하지만 어렸을 적 이후로는 오르간을 건드려본 적이 없었고, 녹음 때도 마지막 순간에 가서 레지스트레이션을 결정했습니다.

지휘와 관련해서 자주 이야기했던 예측 증후군anticipatory syndrome의 요체가 여기서도 반복됩니다. 물론 하프시코드를 연주하디 보면 특유의 촉각적 문제를 해결해나가면서 그에 대한 반응도 어느 정도 즉각적으로 느끼게 됩니다. 반면 지휘 시에 촉각의 문제는 상상의 영역에 머물

♦ 레지스트레이션(registration): 오르간이나 하프시코드 같은 악기에서 스톱(stop)을 조작함으로써 음색에 변화를 주고 음량의 대소를 조절하는 행위. — 옮긴이

고 그에 대한 반응 역시 시차를 두고 전달됩니다 ─ 그러나 그럼에도 불구하고 양자 사이에는 일정한 정도의 유사점이 있습니다. 예를 들어볼까요. 하프시코드로는 건조한 점묘화 같은 데타셰 주법♦ 효과를 얻기가 매우 용이합니다. 내가 피아노를 통해 재현하기 위해 늘 노력해왔으나 성공할 때도 있었고 그러지 못할 때도 있었던 바로 그 효과입니다. 반면, 하프시코드로는 일단 그러한 효과를 손에 넣은 다음에는 그 음에 셈여림 면으로 영향을 미칠 수가 없습니다. 그럴 때는 말하자면 리듬의 변화를 셈여림의 변화로 받아들일 준비가 되어 있는 청각의 아량에 신세를 지지 않을 수가 없는 것이지요. 그러나 이는 또 다른 문제로 이어집니다. 하프시코드를 연주할 때는 리듬상의 엄정함과 그 역 ─ 마디선에 구애받지 않는 소리의 세계인 무한 루바토 ─ 사이에서 하나를 선택해야 합니다. 나는 그 문제를 우회할 수 있는 길을 찾고야 말겠다고 작정했습니다. 그래서 내린 결론이, '나는 지금 하프시코드를 치고 있는 게 아니야'라고 생각하면서 연주

♦ 데타셰(détaché): 이음줄로 이어지지 않은 음이 연속될 때 흔히 사용하는 활긋기 방식으로, 활을 현에서 떼지 않은 채로 음이 바뀔 때마다 계속 방향을 바꾸어 켜는 것이 일반적이다. ─ 옮긴이

하는 게 최고의 해결책이 될 수도 있겠다는 것이었습니다. [웃음] 왜냐하면 하프시코드를 연주한다는 자각이 생기는 순간 위에서 말한 덫에 그대로 빠지고 말 게 분명했기 때문입니다. 녹음 세션이 거듭됨에 따라 그렇게 될 위험은 매우 구체적으로 다가왔습니다. 셈여림 표현을 대체할 리듬의 변화를 주지 않고서는 고작 여덟 마디도 연주하기가 정말정말 까다로웠거든요. 때로는 덫에 걸려들지 않을 수가 없었습니다. 악절에 모양을 부여할 수 있는 다른 방법이 도무지 없을 때도 있었거든요. 몸집이 큰《모음곡 D단조》의 변주곡 악장 첫머리처럼 반음계 작법이 지배하는 대목에서는 리듬에 굴절을 부여하지 않을 수가 없습니다.《모음곡 A장조》의 카덴차풍 전주곡도 마찬가지여서 저 많은 스케일과 런◆ 사이에 차별점을 부여해야 합니다. 그렇게 하지 않으면 그야말로 재봉틀 돌아가는 소리처럼 들리고 말 테니까요. 그러나 그 점을 별도로 하면, 특정 템포에 본격적으로 도달하고 난 뒤로는 피아노 연주와 마찬가지로 단단한 통제력을 유지할 수 있길 바랐습니다.

◆ 런(run): 기교적이고 빠른 움직임의 음형. ― 옮긴이

어떤 하프시코드 레퍼토리들은 바로 그러한 루바토식 접근법이 필요한 것 아닙니까? 이를테면 쿠프랭의 작품처럼 말입니다.

예, 그럴 겁니다. 그러나 헨델은 최소한 내게는 아주 위엄 있는 인물로 다가옵니다. 그런 만큼 사실상 세련미를 의도적으로 배제한 것처럼 느껴질 수도 있는 복잡하지 않고 솔직한 접근이 필요합니다. 그러나 쿠프랭의 음악은 그렇지 않습니다. 어쨌거나 쿠프랭에게 적용하는 루바토는 음악적 구조보다는 사교적 품위와 더 관계가 깊지만요.

음악의 베이스 라인의 성격에 관해 강연하신 자리에 두 차례 참석한 적이 있습니다. 제게 선생의 여러 연주에는 명확한 베이스 라인 — 그리고 아울러 작품의 내성부 — 이 중요하다는 선생의 믿음이 관통하고 있는 것처럼 보입니다. 비단 바흐뿐만 아니라 브람스나 스크랴빈, 그리고 심지어는 — 나중에 따로 이야기를 나누겠습니다만 — 사람들이 그러한 요소에 방점이 찍히는 걸 보통은 기대하지 않는 편인 모차르트의 음악도 마찬가지인 것 같습니다. 베이스 라인은 선생께서 이해하는 음악에서 여전히 중요한 위치를 차지하고 있습니까?

그래요, 전적으로 그렇습니다. 그러한 관점의 상당 부분은 어린 시절 음악을 분석하는 법을 배운 방식과 관계가 있지 싶습니다. 선생께서 말씀하신 두 차례의 강의를 저도 아주 잘 기억하고 있습니다. 두 번의 강의에서 각각 중점을 두고 논했던 작품이 있었지요. 첫 번째 강의에서는 이미 다른 맥락에서 언급한 바 있는 베토벤《피아노 소나타 30번, 작품109》의 제1악장에 대해 이야기했습니다. 아주 으스스한 악장입니다. 연주하면서 어떤 상상력으로 어떤 이미지를 불러낼 수 있는지도 그렇고, 적용하기로 한 분석 체계에 따라 곡의 구조를 향한 접근법을 달리할 수 있다는 점에서도 그렇습니다(그건 그렇고, 두 번째 강의에서 나는 브루크너《교향곡 8번》의 첫 악장에 대해서 논하며 이와 동일한 요지를 입증하려 했습니다). 그러나 베토벤의 이 악장은 몹시 간난한 구조로 되어 있기에 아름답다 하지 않을 수 없습니다. 분산 음형으로 쪼개어져 있다 뿐이지 본질석으로는 코랄처럼 들리는 음악이 세 번 반복되고, 그중 두 번은 음계와 아르페지오, 장식 악구의 연속에 지나지 않는 음악이 뒤따릅니다. 게다가 아주 아주 짧습니다. 세 마디, 더하기 세 마디, 거기에 카덴차

같은 음악이 약간 따라붙습니다. 강연할 때도 주로 이야기했던 게 이 부분인데, 왜냐하면 전통적인 제시부와 재현부의 제2주제 영역을 차지하고 있어야 할 음악이 바로 이 음악이기 때문이지요. 그리고 내가 보여주었던 것도 절대적 대응과 근사치적 대응의 대조 수위였습니다.

나는, 《작품109》의 두 부분을 나름의 방식으로 분석함으로써 베토벤이 사실상 부재중인 근음根音들 ― 다시 말해 결코 음향화되는 법은 없지만 두 부분 사이에서 엄정한 수학적 대응을 이룬 근음들 ― 이라는 개념을 활용하고 있었음을 알리고자 했습니다. 그리고 베토벤이 행한 바가 최소한 바그너 《파르지팔》 종막 도입부만큼은 으스스하다는 점 또한 알리고 싶었습니다. 베토벤이 확실한 의도와 작정을 가지고 그렇게 했는지, 아니면 그저 잠재의식이 작용한 결과였을 뿐인지를 놓고 질문이 쏟아졌습니다. 갑론을박의 요체는 이겁니다. 과연 대뇌가 작용하는 과정이 어느 정도 도움이 될까요? 만약 베토벤이 모르고 한 일이라면, 그건 마치 나무꾼이 대충 잘라놓은 나무가 우연히 근사한 모습을 취하고 있을 경우 그걸 예술 작품으로 간주해야 하는가 아닌가 하고 물었던 쇤베르크의 질문과도 맥이 통하는 생각이라고 할 수 있겠습니다. 그리고 아마 베토벤이 알고 한 일인 것 같다는 점을 입증하기 위해 나는 제히터의 가르침을 끌어들여서 조금 과장되게 — 그러나 오로지 아주 조금만 과장했습니다 — 표현을 해보았는데요….

제히터라고요?

지몬 제히터 말입니다. 음악 이론가였고 브루크너의 스승이었지요. 믿기 힘드시겠지만 슈베르트도 사망하기 직전 제히터에게 배울 계획을 세웠다고 합니다. 슈베르트가 음악에 대해 아는 게 많지 않다고 판단하고 음악에 대해 아는 게 있는 사람에게 레슨을 받을 때가 되었다는 생각을 했다는 겁니다. [웃음] 최소한 전해오는 얘기는 그렇습니다. 그게 사실인지 아닌지는 나도 모르지만요. 어쨌든 제히터는 근음이 되는 음을 반드시 소리 내지 않아도 심리적으로는 존재하는 것으로 받아들일 수 있다는 입장이었습니다. 이는 19세기 음악이라는 개념 전체와 거기 내포된 심리에 관해 심대한 영향을 미치게 될 사고의 틀이었습니다. 내가 하고 싶은 말은, 삼화음은 아무리 전위轉位해도 삼화음으로서의 주요 기능을 그대로 수행한다는 의미가 아닙니다 — 나는 이를 전혀 믿지 않습니다. 오히려, 음의 군집이 가지는 기능상 열쇠가 되고 음의 군집이 어디에서 왔고 어디로 갈 것인지를 결정하는 핵심이 되는 음이 빠진 음의 군집이 있을 수 있다는 얘기입니다. 이를 보여주는 가장 뚜렷한 사례가 바로《트리스탄과 이졸데》 첫머리입니다. 누군가 쇤베르크의《정화된 밤》을 듣고서 "쇤베르크 씨, 학생이 쓴 것치고는 아주 괜찮은 작품입니다. 하지만 서른두 번째 마디의 구九화음에서 9도음을 베이스 성부에 두셨던데, 이걸 이백몇 번째 마디에서 그대로 다시 되풀이하셨더군요" 하고 시비를 걸었다던 일화도 생각나는군요. [웃음] 그가 말한 화음은 B플랫, 그 7도 위의 A플랫, C, E플랫, G플랫, 추가로 덧붙은 C로 구성된 화음입니다. 이것이 B내추럴, A내추럴, D내추럴, F내추럴, B내추럴로 해결되지요…. 이 말을 들은 쇤베르크는 물론 불같이 화를 냈다고 합니다. 왜냐하면 그는 근음이 실재하건 부재하건 간에 어쨌든 근음의 존재에 충실하기만 하다면 그 어떤 화음 배열도 문제없이 받아들일 수 있다고 보았기 때문입니다. 쇤베르크는 부재한 근음이라는 개념을 기반으로 하여 자신의 분석 수칙을 쌓아 올렸던 것이지요.

작품의 저성부나 내성부를 부각하는 선생의 기법과 이러한 해석 사이에는 어떤 관계가 있습니까?

아, 그래요, 그러고 보니 이야기를 끝까지 마저 한다고 하고 깜빡했군요. 저성부에, 혹은 최상 성부가 아닌 다른 성부에 그저 재미있기만 한 데서 그치지 않는 집중의 포인트가 있기 때문입니다. 물론 이런 내성부들을 도드라지게 연주하는 건 몹시 재미있는 일이어서 때로는 별다른 이유 없이 장난삼아 그렇게 하기도 합니다…. 그걸 부인할 생각은 추호도 없어요. [웃음] 그러나 단순한 재미를 넘어 이런 집중의 포인트들은 구조적으로 상층 성부가 아닌 기타 성부 ― 말하자면 테너 성부 같은 곳 ― 에서 벌어지는 그 무엇인가와 관련이 있다고 보입니다.

모차르트의 비非다성음악적 양식은 선생의 기질과는 상극으로 여겨질 수도 있겠습니다. 그리고 사실 선생의 《피아노 협주곡 24번 C단조》 음반은 장식음을 붙였다는 이유로, 또 여기저기 콘티누오 패시지를 더했다는 이유로 따가운 비판을 받기도 했었지요. 모차르트의 피아노 소나타도 이미 세 장의 음반을 발표하셨습니다. 네 번째 음반이 곧 발매될 예정이고요[인터뷰 이후 굴드는 다섯 번째 앨범의 녹음 작업을 마쳤다]. 선생의 모차르트 음반을 처음 들었을 때 저는 고의적인 장난기가 다분하다고 느꼈습니다. 말이야 바른말이지만, 후속 음반들로 가면 갈수록 제멋대로식 연주가 보이기도 했지요. 알베르티 베이스◆ 라인을 쿵쾅댄다거나 템포 운용이 조율증에 걸린 듯 오락가락한다거나 하는 식으로 말입니다. 그러다가 문득 이런 생각이 들더군요. '어쩌면 굴드는 브레히트의 방식을 취하여 모차르트의 작품에 접근하고 있는 건 아닐까?' 다시 말해 우리에게 익숙한, 특유의 감정을 자극하는 유형의 연주에서 벗어나기 위해 거리를 두는 건 아닐까 하고 말이지요. 하지만 그렇다 하더라도 이건 모차르트를 다루는 방식으로는 퍽 심술궂고 별나지 않나요?

◆ 알베르티 베이스(Alberti bass): 고전파 시대에 흔히 사용된 피아노 왼손 반주 음형으로, 이를 집중적으로 사용한 이탈리아 작곡가 도메니코 알베르티의 이름에서 따왔다. 보통 삼화음을 분산 화음으로 쪼개어 산개한 형태로, 음역 기준으로 저-고-중-고의 순서를 따른다. 아래는 모차르트의 《피아노 소나타 15번》 제1악장의 첫머리로, 왼손 파트를 보면 알베르티 베이스 꼴의 반주를 취하고 있음을 알 수 있다. ─ 옮긴이

선생의 말씀이 백번 옳습니다. 하나씩 하나씩 짚어보도록 하지요("위원장님, 허락하신다면 논점을 하나씩 하나씩 따져보겠습니다"라고 했던 존 딘*의 목소리를 머릿속에서 몰아낼 수 없군요). 모차르트 《C단조 협주곡》부터 이야기해 봅시다. 이 곡은 내가 녹음한 모차르트 유일의 협주곡입니다. 어중간하게나마 좋아할 수 있는 곡이 이것뿐이거든요. 내가 이 음반이 마뜩지 않은 이유는 콘티누오화化를 양껏 하지 못했다는 점 때문입니다. 먼저, 내가 덧붙여 연주한 요소들에 대해 언급한 이들은 모두 틀렸습니다. 당장 모차르트 본인부터가 연주할 때 이런저런 장식과 즉흥적 요소를 덧붙였음은 기록으로 남아 있는 사실임을 우리는 알고 있지 않습니까. 그뿐입니까. 모차르트는 다른 이들이 그의 작품을 연주할 때도 그렇게 하는 걸 당연시했어요. 또한 모차르트는 통주저음이라는 개념의 뚜렷한 영향권에 속한 음악가였습니다. 어쨌건 하이든의 협주곡만 해도 통주저음이 아상으로 가득합니다. 내 논점

◆ 존 딘(John Dean, 1938~): 1970년부터 1973년까지 리처드 닉슨 행정부의 백악관 법률고문을 지낸 변호사. 워터게이트 사건을 은폐하는 일에 깊이 가담했고, 사건이 수면 위로 떠오르자 미 상원의 워터게이트 진상 규명 위원회에 출석하여 닉슨 행정부의 여러 고위직의 범법 행위를 증언했다. — 옮긴이

을 희석하는 다른 모든 차이점들(관현악법, 곡의 길이 등의 차이 — 이를테면 하이든의 초기 협주곡과 모차르트의 후기 협주곡 간의 주요한 차이를 말하는 겁니다. 그리고 모차르트의《C단조 협주곡》은 후기 작품에 속하지요)에도 불구하고 하이든의 협주곡에서 독주자는 콘티누오 연주자로서의 역할을 겸하고 있었다는 점을 알아야 합니다. 그게 아니었다면, 독주자는 하프시코드 앞에 앉아 자기 일을 하고 지휘자는 또 다른 하프시코드에 앉아 통주저음 기보에 바탕을 둔, 그 자체로 절대적인 것은 아니지만 화음의 텍스처를 강조하는 이런저런 음형으로 독주자를 지원했을 겁니다.

자, 30년 남짓이 흘러서 1785년경이 되었습니다. 이제 지휘자의 역할은 이미 절대적인 위치에 올라섰습니다. 그렇게까지는 말 못 한다 해도 최소한 독주자의 본분이 한 사람의 몫으로 통합된 뒤입니다. 그러나 모차르트의 피아노 음악 양식은 — 최소한 협주곡에서는 — 독주 악기를 콘티누오풍으로 지원한다는 선입관에 여전히 묶여 있습니다. 따라서 모차르트 협주곡의 독주부 텍스처는 살집 없이 매우 가냘픕니다. 작법도 형편없습니다. 오케스트라의 반주가 없는 온전한 독주의 순간들은 아름답고 멋집니다.《A장조 협주곡》˙ 느린 악장의 첫머리보다 아름다운

칸틸레나**를 생각할 수 있겠습니까? 그야말로 건반 음악의 가장 훌륭한 순간이라고 해도 과언이 아닐 겁니다. 하지만 오케스트라가 끼어드는 순간 독주자의 왼손은 할 일을 잃고 맙니다(모차르트는 오른손잡이 작곡가입니다). 그 이유는 아주 간단합니다. 모차르트는 지휘자가 통주저음으로 지원 사격을 했던 20년 전의 협주곡 모델에 입각해 사고했기 때문입니다.

이제 소나타 음반들에 관해 이야기해볼까요. 지금까지 녹음하면서 이만큼 즐긴 적은 없었다고 해도 좋습니다. 그 이유는 대체로 내가 모차르트를 작곡가로서 별로 좋아하지 않기 때문입니다. 초기 소나타들은 사랑합니다. 아니, 어린 시절의 모차르트를 사랑한다고 하는 편이 더 정확하겠군요. 나는 그가 아직 자기 자신을 발견하기 전 하이든이나 카를 필리프 에마누엘 바흐를 모방하던 시절의 음악이 무척 좋습니다. 모차르트가 자기 자신을 발견한 순간부터 ─ 통념상으로는 열여덟아홉에서 스무 살, 그때쯤이었다고 하지요 ─ 나는 그의 음악에 흥미가 싹

♦ 《피아노 협주곡 23번 A장조》를 가리킨다. ─ 옮긴이

♦♦ 칸틸레나(cantilena): 성악곡이나 기악곡에 사용되는 서정적인 선율. ─ 옮긴이

사라집니다. 그가 발견한 것은 주로 극적 재능이었기 때문입니다. 그는 이를 자신의 오페라에 적용했을 뿐만 아니라 기악곡에도 마찬가지로 적용했어요. 18세기 극장이 경박한 향락주의로 기울었음을 생각하면 나로서는 그런 대상에 조금도 흥미가 생기지 않습니다.

아시다시피 모차르트 연주에는 ─ 선생께서 사용하신 '감정을 자극하는'이라는 단어가 제대로 표현하고 있습니다만 ─ 하나의 전통이 있습니다. 그 전통이란 특히 소나타의 첫 악장과 마지막 악장의 경우 남성적-여성적 '이분법'을 염두에 두고 연주하는 것입니다. 내 말의 뜻이 무엇인지는 선생도 아실 겁니다. 엄격한 대목이 있는가 하면 애간장을 녹이는 대목이 있고, 고압적인 대목이 있는가 하면 유혹적인 대목도 있습니다 ─ 즉 서로 상극을 이루는 것들이 병치됩니다. 자, 그건 그것대로 괜찮습니다. 다만 문제는 모차르트가 이들 소나타를 작곡할 무렵에 그러한 개념이 교향악의 세계를 휩쓸기 시작했다는 점입니다. 역사적 논쟁에 의지하는 것처럼 보일 수도 있습니다. 나도 내켜서 그러는 건 아니에요. 역사적 논쟁이라면 나도 질색팔색한 적이 워낙 잦아서 자칫 내 무덤을 파는 격이 될 수도 있으니까요. 어쨌든 안전하게 내 주장을 펼칠 만한 근거는 되지 못한다는 말입니다. 그러나 지금 이 순간 머리에 떠오르는 다른 논거가 없으므로 역사적 논쟁에 의지해보려 합니다.

부인할 수 없는 간단한 사실은 하이든의 피아노 소나타가 작품 숫자 면에서 모차르트를 능가하는 것은 물론이요 — 하이든은 쉰몇 곡을 썼고 모차르트는 열일고여덟 편 정도를 썼지요 — 작품으로서도 음악적 실험으로서도 더욱 흥미롭다는 점입니다. 지난 한 해 동안 밤늦은 시각나 자신을 위해 하는 연주의 동반자는 늘 하이든이었어요. 간혹 바그너나 뭐 그와 비슷한 음악들을 연주할 때도 있긴 했지만, 그 밖에는 오로지 하이든 소나타예요. 그중에서도 특히 바로크 시대 냄새가 나는 초기 소나타들이 좋습니다. 정말 아름다운 작품들이고, 어느 하나 뺄 것 없이 무척 유쾌한 혁신이 녹아 있어요. 같은 빵틀로 찍어낸 일률적인 작품이라는 느낌은 어디에서도 찾을 수 없습니다. 조심스럽지만, 나는 모차르트에서는 그런 느낌을 받아요, 모차르트가 본궤도에 오른 이후에 쓴 작품은 모두 같은 빵틀로 찍어낸 작품처럼 느껴집니다. 모차르트가 극장 기술자로 어느 정도 성공을 거둔 뒤로 그의 기악 작품들은 흥미 면에서 급격한 내리막길을 걸었다는 게 내 생각입니다.

자, 앞에서 말했던 '상극'의 개념에 대해 다시 이야기할 차례가 되었습니다. 하이든과 모차르트 생전은 소나타 작품 내 양극단의 연립 기법이 완숙한 단계에 이르기 한참 전입니다. 오히려 걸음마를 떼고 있었다고 보는 편이 타당합니다(물론 베토벤에 이르면 초기 소나타들부터 이미 양극단의 연립을 본격적으로 추구하고 있음을 확인할 수 있습니다만, 심지어는 여기에서도 다소간의 유보적인 자세가 관찰됩니다). 그러나 내가 생각하기에 요점은, 하이든 — 그는 좌우지간 여러 면에서 모차르트의 신神이었고 특히 기악곡 작법의 면에서는 말할 것도 없이 그랬습니다 — 은 상극의 병치 개념을 꾸준하게 밀어붙이지 않고 있었다는 사실입니다. 만년에 접어들어서는 오히려 그 개념에서 멀어지는 움직임마저 보였어요. 그러니까 때때로 제1주제가 제2주제 노릇까지 겸하는 경우도 있었다는 거지요. 하이든의 후기 소나타들은 리듬 형태가 으뜸 조성의 영역에서 딸림 조성의 영역에까지 그대로 적용되는 곡도 있다는 점에서 리스트풍의 일관성을 내다보게 합니다. 말하자면 바흐가 론도나 그와 비슷한 악곡에서 했음 직한 바이지요.

그러나 새로운 순간 — 그것이 새로운 조성이 되었건 새로운 주제가 되었건 간에 — 이 도래할 때는 템포를 늦추거나 음악에 힘을 빼거나 혹은 레가토를 걸어 악절을 표현하는 것이 심리적 설득력이 있습니다. 다시 말해, 정서와 기질상의 변화가 있어야 한다는 것이지요. 그런데 모차르트 소나타에서는 이를 정당화할 수 없다는 것이 내 시각입니다.

사실, 이러한 양극단과 관련된 발전 사항들이 모차르트가 커리어 중반에 쓴 음악에는 충분히 침투하지 못했음을 입증하는 증거가 있습니다. 바로 모차르트는 발전부를 쓰는 법을 제대로 배우지 못했다는 점입니다. 물론 발전부라는 것도 뭔가 발전시킬 소재가 있어야 쓸 수 있을 테니까 당연한 결과겠지만 말이죠. 경박하게 하는 말이 아닙니다. 고전파 소나타의 발전부는 상극의 힘이 가진 잠재력을 구체화하기 위해 존재했습니다. 그리고 듣는 이로 하여금 으뜸 조성을 재확인하는 순간으로 음악이 돌아오길 간절히 원하게 만드는 발전부를 쓴 건 베토벤이었습니다. 이건 그의 음악 구조에 관한 개념이 양극단의 연립에 기초하고 있었기에 가능했습니다. 그리고 물론 하이든 역시, 비록 남성적-여성적 이분법의 연립에는 크게 관심이 없었다 할지라도, 그래도 모차르트보다는 훨씬 본격적인 발전부를 썼습니다. 어쨌거나, 단호하고 꼿꼿한 템포와 꾸준한 박자로 연주하기 시작하여 차츰 몸에 힘을 빼고 빈 특유의 끈적한 음악을 연주하다가 겹세로줄 직전에 원래의 맥박을 회복하여 경과부까지 그대로 밀고 나가는 주법을 모차르트에 적용하라니, 나로서는 퍽 우스꽝스럽게 느낄 수밖에 없는 전개입니다. 모차르트의 음악이 지탱해낼 수 없는 얼개이거든요. 정말입니다. 앞에서도 말했듯이, 나는 내 확고한 주장을 역사적 대좌臺座 위에 올려놓는 걸 꺼립니다. 평소라면 내가 하는 일을 훨씬 더 괴짜 같은 방법을 동원하여 주장하는 편이지만, 이번만큼은 굳이 그럴 필요가 없겠네요.

내가 모차르트 소나타를 녹음하면서 어느 때보다 재미를 느낀 이유도 바로 여기에서 찾을 수 있습니다. 종지부에서도 추호만큼도 양보 없이, 단 한 순간도 힘을 빼지 않고, 말하자면 바로크풍으로 꾸준하게 끝까지 밀고 나가보자, 하고 생각한 겁니다. 저 망할 놈의 소나타들을 무엇보다 상쾌하게 직진성으로 밀어붙여보자는 심정이었죠. 템포 그 자체와는 관계가 없습니다. 빠른 템포건 느린 템포건 간에 어쨌든 일관된 템포로 연주하는 게 성패의 가늠자였죠. 아니, 느린 템포가 조금 더 어려울 순 있겠습니다. 느린 템포라면 음들의 지속 시간이 길어져 오로지 그 무게 때문에라도 음악에 곡선을 부여하고픈 욕구를 일게 하니까요. 확실히 그런 면이 있지요. 그렇지만 어쨌거나 꾸준한 일관성으로 전진하는 구조는 연주자가 선택한 템포와 무관하게 기능할 수 있다고 믿습니다.

나의 모차르트 음반에 격렬한 항의가 쏟아졌지요. 모차르트 2집에 평론가 마틴 마이어는 "도저히 못 견디겠다. 이건 광란이다!"라고 끔찍한 말씀을 하셨고요. 내게는 그런 반응이 몹시 재미있습니다. 평론가들이 그렇게 나오는 이유는 저들의 듣기 과정에 특정한 기대 수준이 이미 새겨져 있음을 부인하고 있을 따름이기 때문입니다. 이러한 이론을 무한대로 확장하고 발전시킬 수 있다고, 혹은 그래야만 한다고 주장하는 게 아닙니다. 하지만 한 가지 유익한 사항을 기억했으면 좋겠습니다. 어지간한 실력을 갖춘 지휘자들에게 적절한 작품을 던져주고 그들이 이끄는 연주를 들어보십시오. 딸림 조성으로 조바꿈되는 지점에서 갑자기 속도를 떨어뜨리고 완전히 새로운 템포로 접어드는 일 따위는 하지 않을 테니까요. 현악군에게 부드럽게 연주하도록 지시하거나 활놀림을 살짝 바꾸라고 지시할 수야 있을 테지만, 템포를 변경하는 일은 하지 않을 겁니다.

선생의 연주를 좋아하지 않는 이들이 선생을 공격할 때마다 들먹이곤 하는 비본질적인 사항이 있습니다. 바로 템포 문제입니다. 저는 작품의 감정적 실질이나 구조적 형태는 템포의 빠르고 느림에 따라 결정되기보다는 연주자가 선택한 템포가 그 주어진 영역 내에서 일정 수준의 긴장과 관계들을 만들어내는 질적인 차원에서 결정된다고 생각합니다. 그러니까 템포는 일견 액체를 담는 용기처럼 보이기도 하는 것이지요.

더 이상 동의할 수 없을 정도로 지당하신 말씀이고, 한 자도 더 보탤 필요가 없을 정도로 정확하게 표현하셨습니다. 고전파 시대의 음악으로 국한하자면 최고의 모범 사례는 아르투르 슈나벨일 겁니다. 새삼스러운 이야기가 될 테지만, 아마 슈나벨은 지금껏 살았던 그 누구보다 위대한 베토벤 연주자였을 겁니다. 나로서도 그 누구보다 슈나벨의 연주를 들을 때 베토벤의 정수에 정녕 가까이 다가감을 느낍니다. 그의 연주를 구석구석, 조목조목 모두 좋아하지 않을 순 있어요. 하지만 하느님께 맹세컨대, 슈나벨은 자신이 무슨 일을 하는지 꿰뚫고 있었습니다. 그가 연주한 베토벤 음악에는 지금까지 그 누구도 포착한 바 없는 구조 감각이 있습니다. 그리고 이 점은 특히 베토벤의 초기 작품에서 더욱 두드러집니다. 베토벤의 초기작에서 슈나벨은 당시로서는 매우 혁명적인 그 무엇인가를 해냈습니다. 이는 나는 전혀 하지 않는 것이기도 하거니와, 내가 지금까지 주장해왔던 바와 정면으로 배치되는 것이기도 합니다. 내 연주는 음악의 부단한 맥박에 대한 인지를 동반합니다. 반면 슈나벨은 음악 단락의 맥박을 헤아리는 피아니스트였습니다. 물론 내부적인 맥박에 대해서도 당연히 인지하고 연주했을 테지요. 하지만 그는 미시적 맥박의 준수보다는 커다란 단락 단위의 호흡을 앞세우는 쪽을 택했습니다. 마치 쉼표와 세미콜론을 어디에 찍을지 미리 정하고 편지를 구술하는 것처럼 말입니다. 그리고 지금까지의 피아니스트 가운데 그러한 시스템을 성공적으로 적용하여 연주한 이는 하나도 없었다고 생각합니다. 시도한 사람이야 있었지만 아무도 제대로 해내지 못했어요.

《작품2의 2》*가 수록된 근사한 레코드가 생각나는군요. 마디선이 전혀 귀에 들어오지 않고, 작품의 구조는 그보다 더 유연하게 다가올 수 있을까 싶은 음반입니다. 지극히 투명하지요. 가령 나라면 반시적으로라도 부여하려고 시도하게 마련인 수직적 긴장감 같은 것이 전혀 느껴지지 않는 연주입니다. 나였다면 아주 빈틈없이 확고한

---

* 베토벤의 《피아노 소나타 2번 A장조, 작품2의 2》를 가리킨다. ― 옮긴이

리듬감을 살려 연주하려 들었을 텐데, 슈나벨은 그렇게 하지 않습니다. 대신 그의 연주는 듣는 이를 두둥실 띄워 올려 커다란 단락의 한가운데로 밀어 보냅니다. 그리고 그 추진력은 단락 끝까지 그대로 유지되지요. 베토벤 후기 작품에서는 그의 선택에 십분 납득할 수 없는 구석이 군데군데 있긴 하지만, 초기 작품에서만큼은 템포가 빠르건 느리건 그 사이 어디쯤이건 간에 아무런 차이 없이 무결한 연주를 들려주는 이가 바로 슈나벨이라는 게 내 사견私見입니다.

나 또한 이와 비슷하게 할 수 있다고… 글쎄요, 심술궂다고 할까요, 나는 모차르트《피아노 소나타 C장조, K330》을 전혀 다른 템포로 녹음하여 따로 발매한 적이 있긴 합니다. 하나는 아주 느린 템포였고(1958년 녹음입니다) 다른 하나는 물론 아주 빠른 템포로 녹음했죠.

그래요, 템포에 관한 선생의 말씀에 동감합니다. 왜 사람들이 템포 가지고 그렇게 야단법석들을 떠는지 나로서는 통 이해가 안 갑니다. 나는 템포를 비교적 비본질적인 수많은 사항에 의해 결정되는 함수 정도로 여겨왔습니다. 예를 들어, 지난해 동안 내 템포는 눈에 띄게 느려졌어요. 파손 후 새로 다시 조립한 피아노를 사용했기 때문입니다. 시간이 지난 후에는 원래 가지고 있던 특징들을 회복한 악기가 되길 바라고 또 바라지만 당장은 액션이 전보다 무거워요. 그리고 무거운 액션의 부산물 중 하나가 바로 일정 수준의 레가토가 불가피하다는 점입니다. 나로서는 이렇게 무거운 끈적함을 당장이라도 벗어버리고 트럭 낙상을 겪기 전의 근사하고 바삭바삭한 속성을 회복했으면 하는 마음이 간절하긴 하지만요. 그러나 새 해머가 새 현을 때리는 새 피아노는 타고나길 레가토 음향에 기울기가 쉽습니다. 이럴 때는 두 가지 선택뿐입니다. 하나는 거기에 맞서 싸우는 겁니다. 나 또한 어느 정도는 그래보려 했습니다. 바흐의 《프랑스 모음곡 1번》부터 《4번》까지 담은 신보가 곧 발매 예정인데[굴드는 대담 이후 《프랑스 모음곡 5번》과 《6번》 그리고 〈프랑스 양식의 서곡〉을 마저 녹음했다] ─ 사실 이 음반은 피아노 복원 후 작업한 첫 번째 음반입니다 ─ 내가 지금껏 녹음한 그 어느 바흐 음반과 마찬가지로 건조한 음향을 담았습니다. 하지만 템포는 전에 비해 느려졌어요. 다소 두터워진 소리라는 제약 조건을 두고 방정식을 풀면 정답은 템포를 늦추는 것뿐이기 때문입니다. 이런 요소들을 무시하고 평상시 선호대로 빠른 템포를 잡으면 아티큘레이션이 탁해질 수밖에 없습니다. 그러니까 이 경우에는 악기가 템포를 좌지우지한 셈이지요. 그리고 공연장의 환경도 템포를 결정하는

데 커다란 영향을 미치고요.

선생께서는 본인의 연주를 통해 다른 음악가들의 해석에 관해 논평하려고 의도하시는 편인가요? 가령 바흐를 연주하실 때는 란도프스카나 에트빈 피셔의 연주 방식과 다른 연주를 의도적으로 지향하십니까?

아니요, 그건 솔직하게 말씀드릴 수 있겠네요…. 어릴 때는 란도프스카의 음반을 많이 들었어요. 하지만 열다섯 살 이후로는 한 번도 들은 적이 없는 것 같네요. 에트빈 피셔의 음반은 접한 적이 전혀 없습니다. 내가 머리가 굵어지면서 익숙하게 접한 녹음은 로절린 투렉의 것들이었어요. 란도프스카보다는 투렉이었죠. 사실 란도프스카의 연주는 별로 좋아하지도 않았습니다. 그러나 투렉은 엄청나게 좋아했고 그녀에게 영향을 받았다고 할 수 있겠네요.

그건 좀 이상하군요. 저는 투렉의 연주는 어딘가 뻣뻣하고 그 입체감 역시 인공적인 느낌이 있다고 보는데요.

글쎄요, 음악에 대한 관념은 투렉과 내가 서로 매우 다를 수도 있겠지요. 방금 선생께서 하신 말씀은 투렉의 연주가 다층적이라는 말씀으로 들리는데요, 그녀의 연주에 입체적인 층위가 뚜렷하다는 건 부분적으로는 사실입니다. 그러나 1940년대를 지나던 십대 소년에게 투렉은 분별력을 가지고 바흐를 연주할 수 있음을 보여준 최초의 인물이었습니다. 열네대여섯 살 무렵의 나는 바흐 연주는 응당 이래야 한다고 주장하며 선생님과 싸우고 있었어요. 그러나 항복 깃발을 받아낼 가능성은 전혀 없는 싸움이었죠. 그런 내게 투렉의 음반은 내가 홀로 외로이 싸우고 있던 게 아니라는 걸 일러준 첫 번째 증거였습니다. 투렉의 연주는 몹시 강직했어요. 도덕의 관점에서 바라본 음악이었죠. 무기력이나 권태와는 전혀 무관한 휴식의 느낌이 강했고, 전례典禮대로 따른다는 느낌과 흡사한 도덕적 정직성이 있었습니다. 이와 반대로, 일반 대중 앞에 바흐라는 작곡가를 소환해낸 카살스나 란도프스카 같은 이른바 바흐 '전문가들'은 루바토를 잔뜩 가미하여 연주했지요. 사실 그들은 낭만파적 감성을 비로크 시대 음악에 용접해 붙일 수 있다고 믿고서 연주에 임했습니다. 그들 세대의 사람들이 그들의 연주를 무척 매력적으로 여긴 것도 바로 그래서였을 게 분명하고요. 그들의 연주가 훌륭하지 않았다고 말하려는 게 아닙니다. 오히려 환상적인 연주였죠. 연주로만 치자면 우리가 지금까지 입에 올린 사람들보다 훌륭했을 겁니다. 하지만 그렇더라도 내게 그들의 연주는 진정한 바흐는 되지 못합니다.

내가 제작 중인 다큐멘터리 영상에 카살스가 출연한 장면이 있습니다. 다른 데서 수없이 되풀이한 말을 그는 거기서도 반복하는데, 말하자면 이런 얘깁니다. 그의 바흐《무반주 첼로 모음곡》연주가 혁명적으로 받아들여졌던 이유는 독일인들이 카살스를 제대로 이해하지 못했고, 또 바흐 역시 제대로 이해하지 못했기 때문이라는 거예요. 다시 말해, 독일인들은 바흐가 인간이라는 사실을 이해하지 못했다는 이야기였습니다. 하지만 나는 카살스의 견해에 동의하지 않습니다. 선생께서는 어떻게 느끼실지 모르겠지만, 바흐의 관현악 작품 음반 가운데 내게 가장 흥미롭게 다가온 음반은 독일산이었기 때문입니다. 바로 카를 리히터의 음반들 말이죠.

그러나 내게 투렉은 바흐의 음악을 피아노로 어떻게 연주하는 것이 좋을지 알려준 계시와도 같은 존재였습니다. 뮌힝거의《브란덴부르크 협주곡》녹음들에서도 그와 유사한 계시적 영향을 받았죠. 나와 비슷한 세대 사람들은 필시 모두 그랬으리라 생각되는데, 전쟁 직후 음악원 체제를 수료하고 사회로 나온 우리 세대는 원하건 원하지 않건 표현이 풍부한 음악에 가산점을 주는 경향이 있었습니다. 물론 허용 범위가 무제한인 건 아니었지만 음악을 통해 우수憂愁를 표현해야 세련되고 교양 있다는 소리를 들었지요. 예를 들어, 쇼팽을 연주할 때(사람들은 내가 쇼팽을 절대 연주하지 못할 거라고 생각들을 하는 모양이던데, 실은 CBC에서 《피아노 소나타 3번 B단조》를 연주하면서 아주 제대로 즐긴 적이 있어요. 그게 내 피아니스트 경력에서 유일한 '쇼팽질Chopinizing'이었죠) 상향하는 대목에서 최상부 음표에 힘을 빼는 게 옳은데 그렇게 하지 않는다고 늘 일장 훈시를 듣곤 했었고요. 쇼팽의 주제 악상을 연주할 때는 벨리니식 전통을 더욱 보강하여야 마땅하다는 입장이었지요. 응당 고려해야 한다고 여겨지는 종류의 몇 가지 표현 관례가 있었고, 이런 관례들을 정면으로 거스르는 건 올바르지 못한 취향으로 간주되었던 겁니다. 무엇보다 1945년의 시대정신 같은 것을 발견하여 그것을 모든 것에 적용하는 일이 중요했어요. 페달을 전혀 사용하지 않고 바흐를 연주하는 일은 생각조차 할 수 없었지요. 그 시대 음악 교사들이 사표師表로 삼는 인물은 카살스와 란도프스카, 그리고 피셔였습니다. 그러나 이런 사람들은 내게 조금도 영향을 끼치지 못했고, 대신 나는 투렉에게서 커다란 영향을 받았습니다.

작곡가이자 피아니스트인 페루초 부소니는 이렇게 쓴 적이 있습니다. "모든 작곡가는 예비적이거나 매개적인 악절에서(즉 전주곡과 경과부에서) 음악의 진정한 본질에 가장 가깝게 접근한다. 이런 대목에서 그들은 대칭적 균형을 홀연히 무시하고 자유롭게 호흡한다." 부소니는 "모든 예술의 무한성"을 논하며 슈만《교향곡 4번 D단조》에서 종악장으로 접어드는 경과부와 베토벤《함머클라비어 소나타》의 푸가 악장 도입부를 거론하였지요. 이와 관련해 선생께서는 시대의 경과부, 즉 세기말에 태어나 활동한 작곡가들, 이를테면 올랜도 기번스나 막스 레거, 리하르트 슈트라우스 같은 이들에 관해 어떤 흥미를 느끼고 있는지 궁금합니다.

글쎄요, 내가 한 번도 깊이 생각해본 적이 없는 문제를 이제 막 꼬집으신 것 같습니다. 하지만 백번 옳은 말씀입니다. 내가 가장 좋아하는 레퍼토리는 세기말을 살았던 사람들의 펜에서 비롯된 경향이 있습니다. 올랜도 기번스보다 한 시대의 끝을 확실히 표상하는 인물이 또 있을까 싶습니다. 기번스는 내가 가장 좋아하는 작곡가입니다. 언제나 그랬어요. 물론 기번스가 바흐보다 훌륭한 대위법 전문가였다는 주장은 하기 힘들 겁니다. 단연코 그렇지 못했으니까요. 또한 기번스는 노랫말에 음악으로 색채를 부여하는 일에는 바그너에 미치지 못했어요. 그러나 나는 열네다섯 살 때쯤 그의 앤섬을 처음 듣고 어떤 영혼의 끌림 같은 것을 느끼기 시작했습니다. 그리고 곧바로 그의 음악을 사랑하게 되었고, 지금까지 줄곧 어떤 형태로든 기번스의 음반을 제작하고 싶은 바람을 간직하고 있습니다. 녹음 대상에 올릴 만한 수준이 되는 건반 음악이 몹시 드물다는 안타까움이 있지요. 그가 실력 발휘를 제대로 한 쪽은 성악곡이지 건반 음악이 아니거든요. 반면 윌리엄 버드 같은 경우에는… 글쎄요, 버드와 기번스의 음악을 모은 음반 내지에도 썼던 것처럼, 두 사람의 관계는 슈트라우스와 말러 사이의 관계와 닮은 구석이 있어요. 내 생각에는 유효하고 타당한 유사점입니다. 버드는 외향적인 성격인 동시에 향수鄕愁에 빠지는 일이 잦은 사람이었는데, 이러한 두 가지 상반된 특징의 조합은 그저 효과적인 것을 넘어 절대로 거부할 수 없을 정도로 매력적입니다.

이야기가 잠깐 옆길로 샜군요. 세기말 작곡가들에 대해 이야기하고 있었지요? 아마 19세기 레퍼토리를 향한 나의 입장 ― 정확히 말하자면 낭만파 레퍼토리를 향한 나의 무관심이라고 해야 할 테지만 ― 도 관련이 있는 문제라고 봅니다. 선생도 아시다시피, 나는 후기 낭만파 작곡가들에게 단단히 매료되어 있습니다. 리하르트 슈트라우스나 무조주의로 기울기 이전의 쇤베르크처럼, 말하자면 바그너 이후의 전통에 속한 이들 말입니다. 반면에 낭만주의 전반기의 작곡가들은 아무리 노력해도 좋아지지가 않아요. 가령 슈만 같은 경우는 도무지 참아주기 어려운 작곡가입니다. 반면에 멘델스존의 경우는 피아노곡 이외의 음악은 몹시 매력적으로 다가옵니다.

그렇지만 멘델스존은 낭만파 전반기 작곡가들 가운데서도 고전파 시대 미학을 지향하는 면이 가장 뚜렷하고 음악의 기강도 누구보다 뚜렷한 사람이 아니었습니까?

물론 그렇지요.

반면 선생께서는 브람스의 후기작인 《간주곡집》을 무척 아름답게 연주하신 바도 있지 않습니까?

브람스의 간주곡 가운데 내가 좋아하는 곡이 여럿 됩니다. 아니, 실은 그중 일부는 대단히 사랑한다고 말씀드려야 할 정도로 좋습니다. 하지만 솔직히 말씀드려서, 나 혼자 즐기자고 피아노 앞에 앉아 19세기 후반의 음악을 연주할 때는 브람스의 음악이 좀처럼 눈에 들어오지 않습니다. 대신 슈트라우스의 교향시를 직접 적당히 편곡한 음악이나 뭐 그런 비슷한 종류의 음악을 연주하곤 하지요…. 그나저나, 이번 주말에 내가 직접 편곡한《뉘른베르크의 명가수》를 녹음할 예정이라는 말씀을 드렸던가요?

농담이시겠죠! 그렇다면 몇 장짜리 음반이 되는 겁니까?

아, 아뇨, 오페라 전곡은 아니고요, [웃음] 전주곡만 녹음합니다. 내게는 밤중에 혼자 피아노 앞에 앉아 바그너를 연주하는 일이 늘 있는 일상이다시피 합니다. 나는 골수 바그네리안이거든요. 특히 그의 후기작에 속절없이 중독되어 있지요. 그러던 중에 직접 편곡판을 만들어보면 재미있겠나는 생각이 들었습니다. 그러나 리스트가 했던 편곡 — 원곡에 매우 충실합니다 — 은 피하려 했어요. 나는 원곡의 음표에 충실하기보다는 원곡의 의도 실현에 다가가는 쪽으로 편곡의 방향을 잡았습니다. 그렇다고 해서 원곡 악보를 깡그리 무시해선 곤란하겠지만 그래도 상당 부분 자유를 취했지요. 아무튼, 발매될 앨범은 앞면에는

〈뉘른베르크의 명가수 전주곡〉과 〈새벽과 지크프리트의 라인 기행〉이, 뒷면에는… 아, 그 사람 이름이 뭐였지요? 아, 맞아요, 크나페르츠부슈의 연주 이후로 가장 독일적인('독일적'이라고 쓰고 '몹시 느린'이라고 읽어야 합니다) 〈지크프리트 목가〉가 담깁니다. 〈지크프리트 목가〉도 피아노에 안성맞춤인 곡이에요…. 흠, 피아노에 맞출 수 있다고 해야 할까요. 마치 스크랴빈이 젊은 시절 쓴 작품인 것처럼 말입니다.

이 곡은 생래적으로 피아노적인 작품입니다. 언제나 그럴 거라 생각해왔어요. 반복이 많은 곡이라서 처음에는 이걸 피아노로 옮기는 것이 과연 권할 만한 일일지 확신이 서지 않았습니다. [노래한다] 이런 대목이 네 마디 나오고, 다시 [노래한다] 또 이런 대목이 네 마디 이어지고 하는 음악이라서요. 하지만 반복될 때마다 성부별로 강세를 달리하면 될 것 같았습니다. 그리고 그 과정에서 나름의 편곡 이론을 세우게 됐지요. 사실 나는 편곡 작업에 대해 감정이 좋지 못했어요. 어린 시절 주변에서는 누구 할 것 없이 바흐/리스트, 바흐/타우지히, 바흐/부소니, 바흐/아무개를 쳐대곤 했어요. 반면 나는 이런 편곡 작품들이 마음에 들지 않아 절대 손도 대지 않았어요. 대신 나는 원곡을 오르간으로 연주하곤 했습니다. 그쪽이 소리가 훨씬 나았거든요.

리스트의 편곡판들은 원곡이 베토벤이건 바그너이건 간에 아주 가차 없이 원곡에 충실한 경향이 있습니다. 그건 곧, 오케스트라의 텍스처가 두꺼우면 리스트의 편곡판 역시 따라서 두꺼워진다는 것을 의미합니다. 그리고 툭 까놓고 말해서, 피아노는 텍스처가 두꺼우면 소리가 나빠집니다. 북의 연타 소리가 열여섯 마디 이어지면 왼손 낮은 옥타브의 옥타브 트레몰란도가 열여섯 마디 이어진다는 뜻이 되는데, 이건 피아노 연주 기법 면에서 불가능한 일입니다. 〈라인 기행〉 도입부처럼 팀파니가 극적 역할을 떠맡는 부분 같은 대목은 도저히 피할 도리가 없습니다. 하지만 그런 순간들을 제외하면 이따금 방점을 찍어서 북소리를 표현하는 것 외에는 팀파니 파트를 그대로 옮기지 않겠다고 엄숙히 다짐했습니다. 바그너와 달리 피아노에 대한 지식이 해박했던 스크랴빈 같은 음악가였다면 어떻게 피아노용 음악을 재창조했을지를 염두에 두고 편곡했다고 할 수 있겠습니다.

〈뉘른베르크의 명가수 전주곡〉은 문제 될 게 없었습니다. 워낙 대위법적인 곡이라서 저절로 척척 진행되었지요. 하지만 유일하게 편법을 써야 하는 대목도 바로 이 곡에 포함되어 있다는 고백을 해야겠네요. 곡의 마지막 3

분 동안 나는 이어폰을 쓰고 녹음해야 하지 싶습니다. 바그녀가 모든 주제 선율을 하나로 묶는 대목인데, 이 부분을 정확히 살려서 연주하려면 적어도 손이 셋은 필요하고 정말 제대로 하려면 손이 넷은 있어야 하거든요. 나는 평생 이 곡을 파티 자리에서 자주 치곤 했는데, 첫 7분 동안은 무난히 큰 탈 없이 지나가지만 해당 대목이 가까워지면 '좋아, 오늘 밤은 어떤 주제를 버리고 칠까?' 하고 고민하게 됩니다. 그래서 녹음은 덮어씌우기 방식으로 하기로 했지요.

일종의 시험 비행 삼아 〈지크프리트 목가〉는 CBC에서 이미 연주한 바 있어서 어떻게 돌아가는 작품인지 대충 알고 있었습니다. 덩어리 화음을 분산 화음으로 쪼개고 그와 비슷한 장치들을 사용해 음악을 수평화했지요. 원곡에 충실한 편곡 노선을 견지할 때, 특히 그 원곡이 〈지크프리트 목가〉처럼 현악 텍스처가 지배하는 곡이라면, 실수하기 쉬운 함정이 있다는 게 내 생각입니다. 가령 관현악곡 악보에서는 콘트라베이스와 첼로가 같은 음을 한 옥타브 차이로 겹쳐 연주하는 게 흔히 나타나는 관행입니다. 콘트라베이스 덕분에 오케스트라 음향의 지평이 확장되는 것이지요. 그렇다면 이런 관행을 피아노 편곡판에서도 그대로 반영해야 할까요? 아니면 간헐적으로만 운용해야 할까요? 내가 내린 결론은 〈지크프리트 목가〉 전체에 걸쳐 음악이 가장 높은 클라이맥스에 도달할 때를 제외하고는 콘트라베이스의 음표를 언제나 엇박에 배치한다는 것입니다. 마치 시벨리우스의 교향곡에서 팀파니가 정박 바로 앞이나 바로 뒤에 등장하는 것처럼 말이지요. 그리고 이는 이후 편곡 작업 중에 나타난 여러 작은 창의創意의 원형이 되었습니다. 예를 들어, 바그너는 E장조 화음 하나가 여섯 마디 동안 계속 이어지게 하는 경우가 잦은데, 이걸 피아노로 그대로 따라 했다가는 맥빠지는 음악이 되기 십상입니다. 리스트는 이 문제를 간단히 트레몰란도로 해결하곤 하는데, 이게 너무도 세기말적인 수법이라 나로서는 도저히 견딜 수가 없습니다. 그래서 내가 찾은 해결책은 말입니다 — 내 모차르트 소나타 녹음을 들은 사람들이 역정을 낸다고 하셨지요? 그렇다면 바그네리안들이 내 음반을 수중에 넣을 때까지 조금만 기다리십시오 — 악보 그 어디에도 없는 나른 성부들을 완전히 새로 써서 첨가한 겁니다. 원곡에는 없어도 바그너가 썼음 직한 음들입니다. 가령, 〈지크프리트 목가〉 첫머리 언저리에는 F샤프장조 화음이 네 마디에 걸쳐 이어지며 그 위로 바이올린이 [노래한다] 이런 음형을 얹어 올리는 대목이 있습니다. 지금 흥얼대기로는 정상 템포보다 두 배 빠르게 불렀는데, 피아노로는 이 음악을 두 배 느리게 연주한다고 상상해보십시오. 그러면 악절 끝에 가서는 저성부 음표들은 들리려야 들릴 수가 없을 지경이 될 겁니다. 사멸하는 음표를 보강할 수야 있을 겁니다. 건반을 한 번 더 눌러줄 수도 있을 거고요. 하지만 나는 그런 선택은 하지 않았습니다. 대신 무대 뒤 두 대의 호른이 주거니 받거니 하는 음악을 지어냈습니다. 테너 성부와 알토 성부의 호른이 서로를 모방하며 [두 대의 호른이 연주하는 음악을 노래한다] 서로 메기고 받으며 나아가는데 아주 근사합니다…. 이런 말을 하는 나를 용서하시기 바랍니다. 하지만 정말 근사해요!

[이렇게 한창 고조된 대화를 마지막으로 통화는 끝이 났다. 일주일 뒤 글렌 굴드는 다시 내게 전화를 걸어서 하다 못 한 이야기를 마저 했다.]

글렌 굴드 사진첩

글렌 굴드 사진첩

생후 18개월 때의 굴드. (캐나다 국립 도서관)

위: 1944년 토론토 음악원의
은메달 수상자들.
뒷줄 맨 오른쪽이 굴드.
(캐나다 국립 도서관)

아래: 열네 살 때의 굴드.
(고든 W. 파울리,
캐나다 국립 도서관)

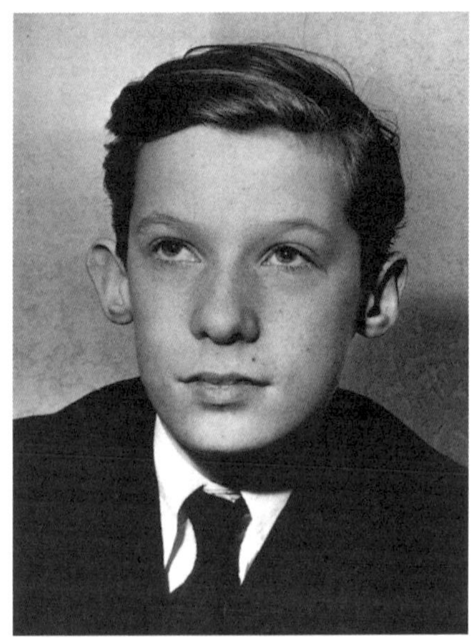

1949년 키우던 개 니키와 함께.
(캐나다 국립 도서관)

1960년대의 굴드. (CBS 레코드)

1958년 블라디미르 골슈먼과 함께. (CBS 레코드)

1960년대 후반의 굴드. (CBS 레코드)

제2부

지난번 인터뷰가 끝나고 굴드는 스튜디오에 들어가 바그너의 〈뉘른베르크의 명가수 전주곡〉 녹음을 마쳤다. 곡의 마지막 3분은 대위법이 워낙 복잡해 악보를 프리모 파트와 세콘도 파트의 둘로 나눠 차례대로 녹음한 뒤 합치는 방식을 택해야 했다. 나는 굴드와 다시 만난 자리에서 본인과의 이중주가 어땠는지 물었다.

겸손을 떨지 않고 말하자면, 퍽 순조로웠습니다. 프리모 파트를 담당한 녀석이 온갖 이상한 루바토 수작을 부리는 바람에 한동안 그 기피한 템포 감각에 적응하느라 애를 먹었지만 말입니다. [웃음] 하지만 일단 적응되고 나니 세콘도 파트 연주가 대단히 재미있더군요. 프리모 파트를 녹음하며 추후 세콘도 파트 더빙을 위한 포석을 영리하게 깔아두었습니다 ― 어쨌거나 더빙은 3분 30초 분량뿐이었으니까요. 프리모 파트는 언제나 두 가지 요소로 구성되게 파트를 나누었던 거지요. 끊이지 않고 움직이는 음악, 즉 일종의 무궁동無窮動 텍스처랄까 아무튼 몹시 빠른 음형이 그 하나요, 다른 하나는 뚜렷한 저음부였습니다. 저음부라고 해서 반드시 가장 낮은 음표일 필요는 없고 대신 뚜렷이 부각되는 저음이어야 했습니다. 이렇게 두 요소를 프리모 파트에 배정한 이유는 세콘도 파트 녹음을 수월하게 하기 위함이었습니다. 이어폰으로 들으며 길잡이를 삼은 셈이지요.

프리모와 세콘도를 담당한 두 연주자 중 어느 쪽이 더 마음에 드십니까?

아, 편을 갈라 한쪽을 편애하고 싶진 않네요. 다만 웬일인지 세콘도 파트에는 어려운 음악이 잔뜩 몰려 있고, 프리모 파트에는 비교적 기초적인 음악이 몰렸더군요. 하지만 퍽 기묘한 경험도 했습니다. 더빙을 할 때 다가오는 아첼레란도나 리타르단도를 예상하고 응대하려 할 때마다 어김없이 문제가 생기더군요. 해당 순간에 도달하기 직전 머릿속에서 '딸깍' 하고 자그마한 스위치가 켜지는 느낌인데요, 바로 그 결정적인 순간에 프리모와 세콘도의 어우러짐을 위해 셈여림 레벨이나 테누토 프레이징 따위에 응대해야 한다는 관념이 비로소 구체화됩니다. 그리고 세 콘도 파트를 연주하면서 프리모 파트의 자세에 맞춘다는 건 쉬운 일이 아닙니다. 사실 우리는 프리모 파트와 세 콘도 파트를 하루 시차를 두고 녹음했습니다. 스물네 시 간 동안 생각할 시간을 갖기 위해서였죠. '내가 어디에 있 었더라?' '저 순간에 내가 무슨 생각을 하고 있었지?' '바 로 지금인가?' 아주 골치 아픈 순간들이긴 했는데, 그래 도 한 손으로 꼽을 정도였으니까 아주 많지는 않았습니 다. 까다로웠던 순간이 네다섯 번을 넘진 않았던 것 같아 요. 원래는 마라톤 세션이 될까 걱정했는데 다행히 그 정 도는 아니었습니다.

선생의 라디오 방송과 스튜디오 녹음 작업을 보면 이러한 도플갱어 신드롬을 사용하여 설명할 수 있는 실험들이 꽤 보입니다. 선생의 머릿속에 옹기종기 모여 사는 것만 같은 여러 '인격늘'을 제각각 흉내 내어 녹음 제작한 테이프-드 라마들이 지금까지 여럿 되는데요. 만일 제가 구조주의를 신봉하는 자라면 적어도 네 명의 서로 다른 전형적 인물 형을 일별할 수 있을 것 같습니다…. 컬럼비아 레코드에서 발매된 바흐 푸가 연주법 설명 테이프가 있었지요. 거기서 선생께서는 나란히 앉아 두런두런 이야기를 나눌 세 명의 손님을 소개합니다. 우선 연세가 지긋하고 정신이 약간 오락가락하는 것처럼 들리는 BBC 출연진스러운 학자가 있었지요. 이름이 험프리….

[옥스브리지 억양으로] 그래요, 맞습니다…. 험프리 프라이스-데이비스 경이었던 것 같습니다.

그리고 학식 깊은 독일 출신 음악학자 같은 분이 있었는데요.

그래요, 그분은… 지식이 완벽하지 않았더라면 초대하지 않았겠지요.

그분은 북독일 출신인가요, 남독일 출신인가요?

[헤르Herr 굴드 등판]: 그건 그 독일 신사가 품격과 교양 있는 성격이었으면 좋겠느냐 아니면 어딘가 신랄한 구석이 있는 성격이었으면 좋겠느냐에 따라 얼마든지 바뀔 수 있습니다…. 지금 기억하기로 그분은 억양이 아주 날카로운 남독일 태생의 신사였습니다.

그리고 히피 피아니스트도 있었지요. 테디 슬로츠라고. 필모어에서 연주하고 말투는 로린 홀랜더[*]를 따라 하는 것 같은 느낌이 조금 있는 사람이었는데요.

시어도어 슬로츠, 맞아요. 어떤 인물을 모델로 해서 만든 캐릭터인가 궁금해하는 사람들이 많았는데, 누굴 염두에 두고 만든 인물인지 아십니까…? 모델 따위는 없습니다. 아니, 엄밀히 말하면 그건 사실이 아니겠네요. 시어도어 슬로츠라는 인물을 만들 때 생각했던 뉴욕의 택시 운전수가 있거든요. 1966년 중간 선거 기간에 만난 사람인데, 당시 나는 30가에 있는 스튜디오를 출발해 투숙 중인 호텔로 돌아오는 길이었어요. 운전대를 잡은 그가 대뜸 몸을 돌려 묻더군요. "그래서, 선생님은 선거에서 누가 이길 거라고 생각하십니까?" 그가 묻지 않았다면 선거날인지도 모르고 지나칠 뻔했는데 말이죠. 나는 이렇게 대답

♦ 로린 홀랜더(Lorin Hollander, 1944~): 미국 피아니스트. 아르투로 토스카니니 밑에서 NBC 심포니 오케스트라 부악장을 지낸 맥스 홀랜더의 아들로 태어나 어린 시절부터 피아노를 배웠고 열한 살 때 카네기 홀 무대에 데뷔했다. 이후 레온 플라이셔, 루돌프 제르킨 등의 가르침을 받았다. 십대 시절부터 뉴욕 필, 로열 필, 신시내티 심포니 등 유수의 오케스트라와 협연했다. ― 옮긴이

시어도어 슬로츠로 분한 굴드. 슬로츠는 굴드가 언젠가 만난
뉴욕시의 택시 운전사를 모델로 하여 창조한 가상의 인물이다.
(로버트 C. 래그즈데일, 캐나다 국립 도서관)

했습니다. "글쎄요, 잘 모르겠네요. 주지사의 재선 가능성이 클 것 같은데요." 당시 록펠러*가 재선에 도전하고 있었거든요. 그러자 운전수는 나를 빤히 보며 이렇게 말하더군요(먼저 선거 얘기를 꺼낸 게 누군데, 되레 흥분하더군요).

"내가 선생과 정치 얘기를 할 것 같습니까? 이 택시 안에서 절대 입에 올리지 않는 주제가 두 가지 있는데, 하나는 정치고 다른 하나는 종굡니다. 아시겠어요? 그 두 가지는 절대 엄금이라고요, 형씨. 손님을 언짢게 할 생각은 없어요. 손님이 민주당 지지자인지 공화당 지지자인지도 나는 몰라요."

"나는 캐나다 사람이니까 민주당 쪽도 공화당 쪽도 아니오."

"손님이 어디 출신인지는 내 알 바 아니지요. 하지만 요즘은 사람들을 믿을 수가 없다니까요. 무슨 말인지 아시겠어요? 이야기를 하나 해드리지요. 지난주에 손님을 하나 태웠어요. 베네수엘라에서 왔다고 하더군요. 그러더

♦ 넬슨 록펠러(Nelson Rockefeller, 1908~1979): 부호 록펠러 가문의 일원으로, 1959년부터 1973년까지 뉴욕주 지사를 지냈다. 또한 1974년부터 1977년까지는 부통령으로서 제럴드 포드 대통령을 보필했다. — 옮긴이

니 '록펠러에 대해 어떻게 생각하나요?' 하고 묻습디다. 그래서 그랬지요. '아, 그 개자식이요.' 근데 이 베네수엘라 사람이 록펠러 가문의 광팬이더란 말입니다. 당연히 몰랐지요. 내가 그걸 무슨 수로 알았겠습니까? 이 손님은 단단히 화가 나서는 팁도 내지 않고 내렸습니다. 120가까지 태워줬는데요! 120가까지 태워주고 팁도 한 푼 못 받았다고요, 형씨." 바로 그 순간 시어도어 슬로츠라는 캐릭터가 탄생했습니다.

이후로 미국 히피를 연기하고 싶을 때는 그때 그 택시 운전사를 떠올립니다. 하지만 그 어떤 음악적 원형 같은 건 전혀 상정하지 않아요.

이런 대담들은 매우 흥미로운 생각들을 다루고 있어서 매료되지 않을 수 없습니다. 가령 컬럼비아가 발매한 테이프에서도 바흐의 작곡 방법론이 점진적으로 진화하였다고 말씀하신 바 있지요. 여러 사람의 목소리를 빌려 말한다는 착안은 페르메이르의 그림을 모작하여 팔아넘긴 것으로 유명해진 회화 위조범 판 메이헤런♦이 전기 전자 문화의

♦ 한 판 메이헤런(Han van Meegeren, 1889~1947): 네덜란드의 화가. 제2차 세계대전 당시 독일제국 원수 헤르만 괴링 장군에게 페르메이르의 스타일로 그린 〈간통을 범한 여인과

영웅과도 같다고 주장하신 선생의 글을 떠올리게 하기도 합니다. 도플갱어 아이디어도 그렇고, 여러 다양한 사람을 흉내 내는 것도 그렇고, 이런 작업에는 어딘가 사기꾼 같은 기질이 연루되어 있다고 생각하는데, 그렇지 않습니까?

아주 흥미로운 방향으로 이야기를 끌고 가려고 하시는군요. 좋습니다. 한번 따라가보도록 하지요. 선생의 질문에 관해 한동안 곰곰이 생각을 했다가 한 달쯤 후의 통화에서 "그래요, 생각해보니 선생 말씀이 맞겠네요" 하고 말할지도 모를 노릇입니다. 우리가 내리는 가치 판단 대부분은 우리의 정체성 인식과 관련되어 있다는 사실이 내게는 참으로 흥미롭습니다. 예술 작품의 작자가 누군지 알지 못하면 판단을 내리는 일을 두려워하는 존재가 바로 우리들 아니겠습니까. 나는 그러한 현상이 무척 흥미로운 겁니다. 내가 라디오 방송을 하며 가장 큰 기쁨을 느끼는 순간들 역시 음악을 창조하는 순간이라기보다는 남의 흉내를 낼 때입니다. 사실 시어도어 슬로츠는 내 프로그램에 일종의 인터미션 게스트로 자주 출연해서 내

함께 있는 그리스도〉를 속여서 팔아넘긴 것이 알려지면서 국가적 영웅이 되었다. ─옮긴이

연주에 관해 뭔가 고약한 말들을 주워섬기곤 하지요. 슬로츠가 제대로 사람들의 뒤통수를 때린 적도 있었어요. 앞뒤 맥락을 보면 이 모든 게 한 편의 연극이자 속임수임이 분명했는데 말이죠. 방송이 끝난 뒤 "비트 세대♦ 꼬라지를 하고서는 덜떨어진 평론가 행세를 하는 작자가 우리 캐나다의 자랑인 예술가를 갈기갈기 찢어발기고 있는데 방송국은 대체 두 손 놓고 뭐하고 있느냐?" 하는 성토가 빗발쳤다니까요.

가벼운 이야기는 그 정도로 하지요. 훌륭한 소설가치고 필명이 없어서 글 못 쓴다는 사람은 없다는 옛 속담이 있긴 하지만, 사람들이 가진 페르소나의 특정 부분은 어떤 다른 삶의 방식이나 다른 이름이 주어질 때 더욱 효율적으로 기능할 수 있다고 나는 확신합니다. 삶의 양식이나 이름, 직업 등의 요소를 가장함으로써 그간 억눌려왔던 페르소나의 일부에 날개를 다는 것이지요. 당장 나만 하더라도 나 자신을 필명이라는 가면 뒤에 숨길 수 있는

♦ 비트 세대(Beat Generation): '패배의 세대'라는 뜻으로, 제2차 세계대전 후 과격한 문학 운동을 일으킨 젊은이 세대를 총칭하는 표현. 이들은 샌프란시스코와 뉴욕을 중심으로 대두된 보헤미안적 예술가 그룹이기도 하였다. 현대 산업사회가 내세우는 질서에서 이탈하여 원시적인 빈곤을 감수함으로써 개인의 개성을 해방하려 했다. ― 옮긴이

능력을 개발하기 전까지는 시종일관 익살스러운 글쓰기를 하지 못했습니다. 내가 이런 일을 시작한 건 1960년대 중반이었어요. 『하이 피델리티』 잡지에 글을 몇 꼭지 기고했는데 거기서 우연찮게 헤르베르트 폰 호흐마이스터라는 이름의 평론가를 창안해낸 거죠. 폰 호흐마이스터의 거주지는 캐나다의 노스웨스트 준주로 설정했는데, 그러한 지역적 은유를 쓴 이유는 고양된 외지에 칩거하며 북미의 문화를 조망하면서 그에 걸맞은 이야기를 거들먹대며 입에 올리는 존재로서 폰 호흐마이스터를 그리고 싶었기 때문입니다. 폰 호흐마이스터라는 캐릭터는 모호하게나마 카라얀을 염두에 둔 것이기도 해요. 폰 호흐마이스터는 지휘자 노릇을 접고 은퇴하여서는 독일 문화나 그 비슷한 성질의 것에 관해 막힘없이 지껄이는 인간이었죠. 적어도 나는 그런 모습으로 캐릭터를 잡았어요. 일단 캐릭터를 잡고 나서는 그 밖의 다른 최근 혁신들을 그에게 충분히 알려줘야 했어요. 그래야만 일정 수준 이상의 권위를 가지고 자신 있게 말할 수 있을 테니까요. 그러나 아무튼 일단 그 정도 단계에 이르고 나니까 그때부터는 하고 싶은 말을 유머러스한 방식으로 하는 데 조금의 어려움도 느끼지 못했습니다. 그 전까지는 어느 정도 거리끼는 심정이 없지 않았는데 말이지요. 일단 수문이

열리고 나자 매 시즌 다른 캐릭터를 만들어내는 지경까지 간 거죠.

4채널 음향을 가지고 이런저런 실험을 하셨는데 그에 관해 여쭙고 싶습니다. 바흐의 4성부 푸가를 이 방법을 통해 녹음한 걸로 알고 있는데요. 네 개의 성부를 따로 연주하여 그 각각을 전용 스피커에 연결하는 방법으로 작업하셨지요.

먼저 말해둘 것이 있습니다. 연주만 놓고 볼 때 그 결과는 끔찍한 수준이었다는 점입니다. 하긴 훌륭한 성과를 예상하고 시작한 일도 아니었지만 말이죠. 내가 하룻밤 사이에 '현악 사중주 1번'이 되어 나타날 거라고 기대한 사람은 하나도 없었으니까요. 말하자면 음반사 내부용 실연實演이었달까요. 그래요, 단순하고 순수하게 그런 목적이었어요. 일이 이루어진 과정도 다분히 즉흥적이었지요. 녹음 작업을 마쳤는데 세션 시간이 두 시간가량 남더군요. 그때 누군가 문득 묻더군요. "이것[4채널 녹음] 좀 한 번 봐주시겠어요?" 그래서 그러자고 했죠. 그러나 4채널 녹음이라는 사안 자체는 흥미롭게 다가옵니다. 상전벽해와도 같은 변화를 거치고 있는 기술이고, 말하자면 여전히 시험 항해 중인 기술이니까요.

4채널 방식으로 녹음한 버르토크의 《오케스트라를 위한 협주곡》은 '서라운드' 사운드를 제공합니다. 그래서 듣는 이에게 마치 오케스트라 한가운데에 앉은 것 같은 청취 경험을 선사합니다. 분명 흥미로운 생각이긴 합니다. 그러나 이 곡은 버르토크의 작품 중에서도 전통적이고 형식 면에서도 '고전적'인 작품 가운데 하나라서, 이 4채널 접근법을 통해 실제로 손에 얻을 수 있는 성과 역시도 작품을 쪼개서 분석한 뒤 음악의 성향에 역행하는 것으로 보이는 음향적·구조적 관점에 따라 재조립한 것에 불과하지 않나 싶습니다. 마치 모차르트와 베토벤의 교향곡을 4채널로 구현한 것처럼 어색하다는 말이지요.

프로시니엄 무대♦식으로 생각한다면 — 고전파 시대 작품이라고 하면 으레 이런 구도가 떠오르지요 — 지당한 말씀입니다. 내 음반의 프로듀서인 앤디 캐즈딘에게도, 또 컬럼비아 레코드의 여러 다른 기술진들에게도 지금까

♦ 프로시니엄 무대(proscenium stage): 막을 내려도 객석에서 보이는 무대 전면. ― 옮긴이

지 열렬히 주장해온 바입니다. 베토벤 교향곡이나 또 그
와 비슷한 작품들에 관해 논할 때는 나 역시도 기본적으
로 선생과 같은 관점에서 주장하고 있습니다.

선생이라면 '서라운드' 사운드를 당연히 선호하시지 않겠
나 짐작했습니다. 그런데 과거에 어느 인터뷰 자리에서 기
침 소리가 뒤에서 들리는 것 같은 식의 전방위적 4채널 녹
음을 비판하신 적도 있었지요….

아니요, 그렇지 않습니다. 입체 음향을 무조건 선호한다
는 건 전혀 사실이 아니에요. 그런 논리라면 흑백 영화를
감상하는 일도 절대 없어야 할 테지요. 나는 오히려 어떤
특정한 종류의 음악은 모노 사운드를 더욱 선호합니다.
공연히 좌우 사운드를 구분하여 녹음해봤자 그 혜택을
전혀 입지 못하는 작품들도 있다는 뜻이지요. 4채널 방식
은 바흐 트리오 소나타나 베토벤 교향곡에는 조금도 필
요하지 않은 기술입니다.

반면 가브리엘리의 작품 중에는 4채널이 통하는 곡이
있습니다. 네 개의 금관 합주단을 사방에 하나씩 배치하
고 녹음하는 방식에 아주 어울리는 작품이지요. 베토벤과
동시대를 산 네덜란드 작곡가의 작품도 있습니다. 그런데

그 사람 이름이 갑자기 기억이 안 나네요. 현악 사중주단 넷과 오케스트라를 위한 퍽 특별한 작품인데… 엘리엇 카터를 예견한 곡이랄까요. 필립스가 최근 녹음했고, 나도 악보를 본 적이 있어요. 고전파 작품 가운데서 4채널 방식에 적합한 곡은 바로 이런 곡일 겁니다. 하지만 그런 곡이 많진 않아요. 뭔가 대수술에 가깝게 손을 댄다면 또 모를까, 고전파 레퍼토리의 절대다수는 4채널 녹음 기술에 적합하지 않다는 게 지금의 내 생각입니다. 나중에는 이런 말을 한 걸 땅을 치고 후회할지도 모르겠지만 말이지요.

말씀하신 인터뷰 이후로 뒤에서 들려오는 주변 음향에 관한 내 견해도 다소 수정되었다고 봐야 할 것 같습니다. 연주회장으로 되돌아간 것 같다는 관념으로 성가시게 굴지만 않는다면 뒤에서 들려오는 음향도 문제 될 것이 없겠지요. '음반이 있으니 더는 연주회장을 찾지 않아도 된다'가 애초부터 음반의 손재 이유 아니겠습니까. 그런데 듣는 이를 연주회장으로 데려다 놓고는 바로 그걸 궁극의 성취인 양 떠드는 것은 내게는 녹음의 기본 목적을 정면으로 거스르는 행위처럼 보입니다. 그러나 주변 음향을 추가함으로써 음향적 환경의 존재감을 전체적으로 부각할 수 있다면 그건 또 다른 문제가 되겠지요.

컬러는 흑백 영상을 향상할 수도 있겠지만, 반드시 그런다는 보장은 없습니다. 그리고 세상의 영화 중에는 흑백으로 봐야 훨씬 제맛인 영화도 많습니다. 나라면《모래의 여자》*를 절대 컬러 화면으로 보고 싶지 않을 겁니다. 또 다른 예를 하나 들어볼까요.《줄리 양》**을 생각해보십시오. 매우 팽팽하게 짜인 이 희곡의 구조는 빛이라는 개념을 품고 있습니다. 그것도 그냥 평범한 빛이 아니라 북극광입니다. 지평선 아래로 거의 내려가지 않고 그 밝기를 완전히 상실하는 법이 절대 없는 빛이요, 희곡의 끝에 가서는 서두에서보다 훨씬 더 강해지는 빛입니다. 자, 잘나가는 연출가가 나서서는 스트린드베리를 새로운 각도에서 조망해보자는 명분하에《줄리 양》의 무대 배경을 볼리비아로 옮겨서 연출하는 것이 마땅하다고 주장했다고 쳐봅시다. 만약 그렇다면 해가 지면 갑자기 칠흑 같은 어둠이 찾아온다는 이야기가 되는데, 과연 그런 연출

♦ 《모래의 여자(砂の女, Woman in the Dunes)》: 1964년 데시가하라 히로시 감독이 메가폰을 잡은 스릴러 영화. 아베 고보의 1962년 동명 소설을 영화화한 작품으로 평단의 호평을 받았으며, 1964년 아카데미 영화상 해외 장편 영화 부문 수상작 후보로 지명되었다. — 옮긴이

♦♦ 《줄리 양(Fröken Julie)》: 스웨덴 극작가 아우구스트 스트린드베리가 1888년 발표한 자연주의 희곡. — 옮긴이

이 《줄리 양》과 어울릴지 나는 잘 모르겠습니다. 하지만 어울린다고 가정해보죠. 그렇더라도 등장인물의 성격 부여도 다시 생각해봐야 할 거고, 장과 줄리, 크리스틴의 관계도 재정립해야 할 겁니다. 그래야 모권 중심적 삼각관계도 북구 문화가 아니라 열대 우림의 문화에 어울리게 표현할 수 있을 테니까요. 나로서는 더 이상 훌륭한 비유는 생각나지 않네요. 다시 말하지만, 세례 요한 축일♦ 전야에 그 사건이 일어난다는 그 관념은 우연한 것이 아닙니다. 그것은 희곡의 구조 및 계층 간 관계에서 망설임의 중요성에 관한 관념과 불가분의 관계를 맺고 있습니다. 바로 그 점이 《줄리 양》이라는 희곡의 핵심이라 해도 과언이 아니지요. 그런 희곡의 무대를 볼리비아로 옮겨버리면 제대로 효과를 발휘하겠습니까. 등장인물들에 변화를 주지 않는 한 말입니다. 설득력이 떨어지는 작품이 될 거라는 말은 아닙니다. 다만 원작과는 다른 작품이 되어버릴 테고, 그렇다면 백지상태에서부터 시작해야 할 겁니다. 그러니까 이것과 같은 기준으로 4채널 방식에 적합한 고전파 시대 작품을 선정하고 녹음하는 경험을 디자인할 수 있을 겁니다.

♦ 6월 24일. 북반구 기준으로 하지(夏至) 무렵이다. ─옮긴이

선생께서는 4채널 녹음 작업에 어떻게 임하시는지, 사례를 들어 설명해주시겠습니까?

8트랙 버전으로 녹음한 스크랴빈 소나타를 한창 작업 중입니다. 물론 8트랙은 피아노 레퍼토리의 필요를 한참 넘어서는 과잉이었습니다. 4트랙만 해도 이미 과잉일 텐데 8트랙이라니 그야말로 이중 삼중의 과잉인 셈입니다. 그러나 8트랙을 선택한 목적이 있었습니다. 믹싱 작업이 이루어지지 않아 아직은 미실현 목적입니다만, 피아노가 우리가 알던 피아노가 아니라는 개념을 취하면 어떤 일이 일어나는지 재미있겠다 싶었습니다. 레코드의 첫 홈부터 마지막 홈까지 피아노를 하나의 음향 환경 안에 가둘 필요가 없어진다면 어떤 일이 벌어지는지 보고 싶었던 거죠. 그렇다고 해서 여기저기서 파노라마식 분압기를 사용했다는 말은 아닙니다.

파노라마식 분압기라니요?

파노라마식 분압기를 사용한다는 말은 하나 혹은 그 이상의 소리 원천을 공간 이곳저곳으로 유기적이라기보다는 정밀하게 ― 이 말은 모순처럼 들릴 수 있는데 이게 정확히 무슨 의미인지는 곧 설명하겠습니다 ― 옮기는 일을 가리킵니다.

한 가지 예시를 들겠습니다 ― 이건 말하자면 괄호 속 이야기인 셈이고, 이 이야기를 마치면 다시 본론으로 돌아올 겁니다. 예를 들어, 내가 가진 테이프 녹음기에 마에스트로 카살스의 음성이 녹음되어 있는데(나는 현재 카살스에 관한 다큐멘터리를 제작하고 있는 관계로 지난 몇 주간 그의 목소리 속에서 살고 있다고 해도 과언이 아닙니다) 그의 목소리를 왼쪽 스피커에서 오른쪽 스피커로 옮기고 싶어 한다고 쳐봅시다. 그렇다면 방법은 두 가지입니다. 왼쪽 스피커로만 소리가 나오게 설정했다가 오른쪽 채널을 점차 열어 소리를 키워 센터 스크린으로 옮기거나, 왼쪽 분압기를 닫는 동시에 오른쪽 분압기를 여는 방식입니다. 그러나 카살스의 목소리를 두 트랙이 아니라 하나의 트랙으로 제한하고 싶다고 쳐봅시다. 두세 사람이 농시에 말하거나 다른 트랙에 음악이 걸려 있는 등의 변수를 모두 고려해야 하는 복잡한 믹싱 과정에서는 그래야 할 필요가 있습니다. 그렇다면 그렇게 하는 방법은 오로지 파노라마식 분압기를 사용하는 것뿐입니다. 오디오 카메라를 한 바퀴 돌리는 것과 비슷한 이치인 셈인데, 파노라마식 분압기를 활용하면 앞서 말했던 왼쪽 오른쪽으로 움직이는 투트랙으로는 재현하기 힘든 소리 위치를 정확히 표현할 수 있습니다.

어쨌거나, 목소리가 공간 중앙으로 이동함에 따라 그 소리는 좌우 직선상으로 움직인다기보다는 천장을 향해 솟아오르는 듯한 느낌이 들어야 합니다. 그러나 일반적으로 말해 오케스트라 좌석 배치는 여기에 영향을 받지 않습니다. 바이올린이 무대 왼쪽에 오는 배치를 우리는 당연한 것으로 받아들이게 되었는데, 이러한 배치는 피아니스트인 내게는 단단히 잘못된 것으로 보입니다. 고음은 오른쪽에서 나는 게 당연한 것 아닙니까? [웃음] 하지만 이 조작된 상승감은 난점이기는 하나 때로는 좋은 방향으로 활용할 수도 있습니다. 예를 들어, 나는 뉴펀들랜드에 관한 다큐멘터리 영상을 제작하면서 연로하신 목사님의 음성이 마치 설교단 위에서 들려오는 것처럼 소리를 믹싱한 적이 있어요.

그러나 이러한 장점은, 소리의 원천을 이리저리 옮김에 따라 이미지에 내재한 연속성이 수직적 삼각 측량의 본질에 의해 왜곡된다는 사실에 의해 상당히 반감됩니다. 자, 사각형 방에 앉아 4채널 녹음 기술을 사용해 제작한 소리를 듣는다고 해봅시다. 방의 네 꼭짓점에서 저마다 다른 소리가 다가오는 거죠. 그러면 또 한 가지 고려해야 하는 게, 누가 최적의 지점에 앉느냐의 문제도 정해야 합니다. 독일이라면 아버지의 차지일 것이요, 미국에서는 어머니의 차지일 테죠. 그리고 프랑스라면 내연녀의 차지가 될까요. 어쨌든 다수의 삼각형을 고려해야 하기 때문에, 면도날처럼 날카롭고 한 치의 오차도 없이 정확하고 절대적인 지점을 찾으려 들지 않아야 합니다.

해법으로 생각해볼 수 있는 한 가지는, 청취 공간에 스피커를 여럿 더 들이는 겁니다. 그렇게 하면 다수의 삼각 측량을 고려해야 한다는 난점 ― 현재 4채널 방식이 가진 커다란 결점입니다 ― 을 최소화하고 소리의 표면을 매끄럽게 하는 데 도움이 될 테니까요.

4채널 기술은 음악보다는 낭독 쪽에 훨씬 더 큰 잠재력을 품고 있다는 게 내 믿음입니다. 원형 극장에서 공연되는 셰익스피어 작품을 녹음한다고 하면 4채널 방식 말고 다른 방법이 있겠습니까? 아주 근사할 겁니다. 정말 근사할 거예요. 하지만 하이든의 현악 사중주를 녹음하면서 엘리엇 카터의 작품을 녹음하는 양 대할 수는 없을 겁니다. 그랬다가는 완전히 핀트를 잘못 잡은 꼴이 될 테니까요.

이렇게 다시 선생의 질문으로 돌아왔네요. 그러니까 이

제 괄호는 닫은 겁니다. 자, 그래서 스크랴빈의 작품으로 무슨 일을 했느냐면은 말이죠, 네 가지 서로 다른 마이크의 관점을 설정하는 것이었습니다. 즉 집음용 마이크를 네 지점에 달리 배치한 것입니다. 우선 내가 늘 사용하는 방식을 따라 악기에서 약 1.5미터 떨어진 지점에 마이크를 한 조 배치했습니다. 대부분 사람들의 취향에는 이것도 너무 가깝고 너무 팽팽한 배치인 듯하더군요. 두 번째 배치는 유럽식 관례에 따른 조금 더 신중한 배치랄까요, 악기에서 2.5미터 정도 떨어진 지점에 했습니다. 1.5미터 떨어진 지점의 마이크는 제2선 배치, 2.5미터 떨어진 지점의 마이크는 제3선 배치에 해당합니다. 제1선 배치는 20년 전 아트 테이텀이 사용했을 법한 집음 지점을 잡았습니다. 마이크를 피아노 내부에 둔 겁니다. 거의 현 위에 마이크를 두다시피 했는데, 덕분에 타건이 일어날 때 그 타격성이 극대화되었습니다. 그런데 기묘하게도 퍽 만족스러운 소리가 되더군요. 어딘가 고풍스럽고 아주 듣기 좋은 소리였습니다. 모든 음이 발끈 곤두서는 것 같은 느낌도 몹시 근사하고요.

그리고 마지막 관점 — 아니, 비非관점이라고 해야 할지도 모르겠습니다 — 은 피아노와 가장 먼 곳에 벽을 바라보게 설치한 두 개의 마이크가 담당했습니다. 피아노를 바라보게 설치한 게 아니라 벽을 향해 설치해서 주변 소리를 집음하게 한 겁니다. 이게 제4선 배치였죠. 녹음 레퍼토리인 스크랴빈《피아노 소나타 5번》은 피아노의 가장 낮은 옥타브 트릴로 시작하고 동시에 트레몰란도 주법의 삼온음 악절이 이를 떠받치는 형국을 띱니다. 곡이 시작되고 10초 남짓 지나는 동안 이 트릴과 삼온음 반주는 한 옥타브씩 건반을 타고 올라 최고음부를 찍습니다. 악보의 바로 이 지점에는 비현실적인 포르티시모 지시가 떡하니 적혀 있는데, 물론 피아노의 가장 높은 음역은 포르티시모 연주가 불가능합니다. 어쨌건, 이론상 음악은 피아니시모부터 포르티시모로 소리를 키우는 동시에 스크랴빈 특유의 '신비화음'♦ 같은 음표들로 구성된 화음이 한 옥타브씩 상승합니다. 우리는 네 개의 마이크 관점을 동원하여 전체 작품을 녹음했고, 미래 어느 시점에선가 이 음악에 맞춰 안무를 짜보면 근사하겠다는 생각을 했습니다. 이 곡의 악보를 영화적 투영에 입각하여 연구하

♦ 신비화음(神秘和音): 스크랴빈이 처음 사용한 화음으로, 기본적인 구조는 4도음의 중첩으로 이루어져 있다. 삼온음 음정인 증4도를 포함한다. 예를 들어 C를 근음(根音)으로 하는 신비화음은 C-F샤프-B플랫-E-A-D로 이루어진다. 이 중 C-F샤프와 B플랫-E가 서로 삼온음 음정이다. — 옮긴이

고, 롱 숏, 타이트 숏, 투숏, 디졸브, 하드 컷, 점프 컷[*] 같
은 영상 기법과 음악을 어떻게 접목할 수 있을지 그 기회
를 보면 좋겠다는 생각이었습니다. 그렇게 생각하면 과연
어떻게 곡을 디자인하여 사운드 카메라 앞에 세워야 할
까요?

우리는 먼저 산전수전 다 겪어서 심드렁해진 엔지니어
들을 자극해야 했습니다. 그러기 위해 방금 설명한 실험
을 했지요. 가장 후방에 배치된 제4선 마이크들부터 시작
했습니다. 벽을 향해 돌려놓은 마이크들 말입니다. '우르
릉' 하고 아득하게 들려오는 것 같은 소리가 집음되었는
데 퍽 섬뜩한 느낌이더군요. 이 곡을 처음 들은 사람들이
할 법한 생각과 일맥상통하지 않나 싶습니다. 일순간 들
려오는 끔찍한 음향에 사람들은 '대체 무슨 소리지?' 하

♦ 롱 숏(long shot)은 카메라를 피사체로부터 멀리 하여 전
경을 모두 찍을 수 있도록 하는 촬영 방법을 가리키는 말로,
원사(遠寫)라고도 한다. 타이트 숏(tight shot)은 피사체가
프레임을 가득 채워 여백이 남지 않게 포착한 장면과 구도
를 가리킨다. 투숏(two-shot)은 한 화면에 두 명의 인물을
담는 구도를 말한다. 디졸브(dissolve)는 앞의 장면이 사라지
고 있는 동안 새 장면을 페이드인시키는 기법으로 짧은 시
간의 경과나 가까운 장소의 이동을 나타낼 경우에 많이 쓰
인다. 하드 컷(hard cut)과 점프 컷(jump cut)은 모두 급작
스러운 장면 전환을 가리키는 용어다. ─옮긴이

는 생각이 드는 거죠. 아무튼, 옥타브가 하나씩 올라감에 따라 우리는 다른 지점에 위치된 마이크를 끌어들여 소리에 더했지만, 그래도 소리가 기본적 명료성을 유지하도록 가동 마이크의 숫자를 조절했습니다. 그러니까 예를 들어 제2선 마이크가 들어와 제3선 마이크와 합류하면 대신 제4선 마이크가 나가고, 제1선 마이크가 들어오면 제3선 마이크가 또 나가고 하는 식으로 말이죠. 그렇게 마침내 최고음에 도달했어요. 스크랴빈이 포르티시모로 연주할 것을 주문하였지만 실은 절대 포르티시모로 연주할 수 없는 그 음에 도달해서는 아트 테이텀 픽업이 활약을 했죠(아트 테이텀 픽업이라는 표현이 싫다면 오스카 피터슨 픽업이든 뭐든 원하는 대로 불러도 무방합니다).

줌 기법처럼요?

그래요, 줌 기법처럼 말입니다. 거기에 도달하기까지 10초짜리 줌을 쓴 거죠. 그리고 그건 내가 지금까지 들은 것 가운데 가장 현혹적인 오디오 이펙트였어요. 악보상에 바로 그 시점에는 멈춤 표시 — 페르마타 — 와 팔분쉼표가 등장하고, 이어서 스크랴빈은 자신의 주제 — 그걸 그렇게 부를 수 있을지는 모르겠지만 — 를 시작합니다. 이

지점에서는 제2선의 마이크, 즉 여타 녹음에서 관례적으로 배치하는 위치의 마이크가 사용되었습니다. 그러고서 악장이 본격적으로 시작되는 거죠. 자, 만약 거기 담긴 함의를 4채널 녹음 방식으로 확장한다면 진정으로 흥미로운 결과를 손에 쥘 수도 있다고 봅니다.

이론상으로는 그와 같은 시퀀스를 녹음 공간 한쪽 구석에서 다른 쪽 구석으로 옮겨 가며 반복할 수도 있겠군요. 그러면 또 다른 종류의 '숏'을 손에 넣을 수 있는 것 아닐까요.

물론입니다. 하지만 만약 그렇게 한다면 아예 다른 방식으로 녹음하는 쪽을 선호하게 될지도 모르겠습니다. 이게 무슨 말이냐 하면, 우리는 스크랴빈 음반을 좌우 스테레오의 제약 속에 갇혀 있다는 생각을 가지고 녹음했어요. 4채널 기술이 기지수旣知數인 상태였음에도 말입니다. 그렇다면 그 차이는 과연 무엇일까요? 나도 잘 모르겠어요. 어쩌면 녹음 방식을 달리하는 문제이기보다는 이미 마친 녹음을 어떻게 제시하느냐의 문제일지도 모르지요. [상기上記한 기법은 굴드가 1977년 11월 발매한 시벨리우스 음반에 도입되었다. 이 음반에는 시벨리우스의《세 편의 소나티네, 작품67》과 〈퀼리키, 작품41〉이 수록되어 있다]

내가 제작한 스토코프스키의 라디오 다큐멘터리에 퍽 마법과도 같은 순간이 있습니다. 다큐멘터리에 출연한 스토코프스키는 약 10분간 과거 경험을 이야기합니다. 1917년부터 필라델피아 오케스트라와 함께 제작한 녹음들에 대해서 말이지요. 그가 1920년대의 녹음 작업과 벨 연구소에서의 실험,♦ 그리고 필라델피아의 아카데미 오브 뮤직♦♦ 무대 아래에 마련한 연구 스튜디오에 관해 이야기하는 장면이 10분 남짓 이어집니다. 이 시퀀스에 스토코프스키의 78회전 음반들을 배경 음악으로 깔면 딱이겠다 싶었습니다. 그래서 우리는 그 시기 스토코프스키의 음반을 간단히 몇 가지 추렸습니다. 의도적으로 원시적이고 모노럴 스타일이 강한 녹음들을 골랐습니다. 물론

♦ 1929년 필라델피아 오케스트라는 공연 실황을 NBC 라디오를 통해 생중계하기 시작했고, 당시 이 악단의 음악 감독으로 있던 스토코프스키는 중계방송의 음질을 끌어올리기 위해 "스테레오 사운드의 아버지"라 불리는 물리학자 하비 플레처 박사가 주도하는 '벨 전화 연구소'의 실험과 연구에 협조했다. ─ 옮긴이

♦♦ 아카데미 오브 뮤직(Academy of Music): 1857년 완공되어 1900년부터 2001년까지 필라델피아 오케스트라의 상주 홀로 사용된 공연장. 미국에서 가장 오래된 오페라하우스 건물이며, 지금도 오페라 공연 목적으로 사용되고 있다. ─ 옮긴이

굴드와 레오폴드 스토코프스키, 1966년. (CBS 레코드)

우리 다큐멘터리야 스테레오 음향으로 제작되었지요. 그걸 어떻게 부인하겠습니까. 그래도 이들 78회전 음반을 퍽 재빠른 페이스로 좌측과 우측 스피커에 교대로 물렸고, 발췌본의 녹음 연도는 3~4년 정도 간격으로 했습니다. 그래서 1917년에 녹음된 〈리엔치 서곡〉부터 시작해 1934년에 녹음된 바그너의 〈성금요일 음악〉까지를 7~8분 공간 안에 섭렵한 겁니다. 녹음과 녹음 사이는 모두 하드 컷으로 처리했어요. 스토코프스키의 음악 초상화는 디졸브 기법을 사용해 그리는 것이 더 적절하다는 게 내 자연스러운 본능이긴 했지만 말이죠. 스토코프스키는 하드 컷 유형의 인간이 아니라 디졸브 유형의 인간이니까요. 그는 베리만보다는 비스콘티가 훨씬 더 어울리는 사람이에요.

어쨌건, 시퀀스 마지막 부분에 나는 진정한 문제와 맞닥뜨렸습니다. 그를 어떻게든 현재로 다시 데려와야 했거든요. 바로 이어질 그의 다음 문상을 생각해서라도 그렇게 해야 했습니다. 그 문장이 정확히 기억나진 않는데, 대충 "오늘날은 기술이 과거에 비해 훨씬 나아졌지만 그럼에도 개선할 수 있다고 나는 믿는다" 정도의 내용이었습니다. 물론 스토코프스키 특유의 기분 좋은 어조로 말한 것은 물론이고요. 따라서 나는 어떻게든 그가 말한 기술 개선을 표현하면서 동시에 그를 현재로 데려올 방법을 찾아야 했습니다. 이 대목은 다큐멘터리가 시작한 지 40분 정도 지난 시점이었고, 그중 30분은 동시대 스테레오 사운드였죠. 그때 마침 스토코프스키가 1960년에 〈성금요일 음악〉을 스테레오로 다시 한번 녹음하였다는 사실을 알게 되었습니다.

음반을 찾아 여러 부분을 발췌하여 각각 연주 시간을 측정했습니다. 세월이 한참 흘렀음에도 불구하고 이 곡을 향한 스토코프스키의 견해는 거의 변화가 없었더군요. 그렇게 어느 한 발췌부를 찾아 1934년 녹음과 1960년 녹음의 연주 시간을 비교했더니 한쪽은 25초, 다른 한쪽은 25.75초로 거의 차이가 없었습니다. 그래서 우리는 1934년 버전을 왼쪽 스피커에 물려놓았다가 ─ 그렇게 솔로로 15~16초 정도 흐르게 내버려두었던 것 같습니다 ─ 역시 왼쪽 스피커에 1960년 버전을 함께 물려 음표 위에 음표가 포개지도록 했습니다. 1960년 버전은 주파수 반응이 현저히 차이가 나지 않도록 음량 압축을 충분히 해야 했지요. 그러고는 차츰 오른쪽 채널을 열어 스테레오 버전이 주도권을 잡게 합니다. 1934년 버전이 갑자기 꿈틀대고 몸집을 키워서는 왼쪽 벽에서 떨어져 나와 백열하는 눈부신 빛을 얻는 것만 같은 효과를 거둔 거지요. 그러나 스토코프스키가 "기술이 과거에 비해 훨씬 나아졌다"고 말하는 대목의 음향 효과는 "맙소사" 소리가 나올 정도로 좋지는 않으면서도 "그래, 개선의 여지는 여전히 있어…. 그런데 지금 그거 대체 어떻게 한 거지!" 하는 소리가 나올 정도는 되었죠. 내가 무척 자랑스럽게 여기는 순간입니다.

선생께서 캐나다 국영 방송사를 위해 제작하신 여러 편의 라디오 다큐멘터리에 대해서는 생각보다 아는 사람이 많지 않습니다. 라디오의 단선적 성격 ― 리포터에게 마이크를 넘겼다가 호스트에게 마이크가 돌아오는 식으로 정리가 되는 ― 에 대한 불만족을 이야기하신 적도 있지만요. 선생께서 제작하신 두 편의 프로그램 ―《북쪽의 생각The Idea of North》과 《늦게 오는 자들The Latecomers》 ― 은 모두 캐나다 북쪽과 뉴펀들랜드에 사는 사람들이 겪는 고독이라는 수제를 다루고 있습니다. 이런 프로그램들에서 선생께서는 온갖 종류의 대위법적 효과를 활용하셨지요. 프로그램의 구성과 사람들의 음성을 들려주면서 트리오 소나타, 푸가적 대위법, 바소 오스티나토 형식 같은 것들을 빌리기도 하셨고요. 그런가 하면 감각의 박탈과 미디어 사이의 관계에 관해 이야기하신 적도 있습니다. 이런 것들이 선생의 라디오에 관한 생각에는 어떤 영향을 미치는지요?

너무 방대한 질문이군요. 하나씩 쪼개서 대답해보도록 하겠습니다. 첫 번째로 언급하신 바는 이들 프로그램이 일정 정도 고독이라는 주제에 관해 논하고 있다는 사실이지요. 사실 내가 제작한 주요 다큐멘터리들이 모두 그렇습니다. 3~4백 시간씩 스튜디오에서 공을 들여 제작한 프로그램이 지금까지 여섯 편입니다. 제1편과 제2편은 선생께서도 언급하신《북쪽의 생각》과《늦게 오는 자들》이고, 제3편은《스토코프스키》, 제4편은 카살스를 주제로 하여 현재 믹싱 중인 작품이고(《카살스: 라디오를 위한 초상》), 제5편은 내년으로 탄생 100주년을 맞는 쇤베르크의 판타지-다큐멘터리입니다(《쇤베르크: 그의 첫 100년》). 그리고 1년 반 동안 뒹굴뒹굴하며 미적거리는 프로그램이 하나 있습니다. 믹싱 작업만 하면 되는데, 하면서 1년 반이라는 시간만 보냈죠. 메노나이트 교도들에 대한 프로그램으로, 제목은《땅 위의 고요The Quiet in the Land》입니다. 메노나이트들은 스스로를 "디 슈틸렌 인 뎀 란데 Die Stillen in dem Lande"라고 부르는데, 그들은 고립된 공동체의 극치인 셈입니다. 다음번에는 고독한 사내에 관한 코미디 다큐멘터리를 만들어보고 싶습니다. 심오한 메시

지를 담은 작품에 이제는 신물이 나네요. [웃음]

정도의 차이야 있겠지만, 지금까지 내가 제작한 작품의 주제들은 고독과 관련이 있습니다. 심지어는 음악 다큐멘터리도 그렇습니다. 누가 뭐래도 스토코프스키는 주류에 속하는 인물은 아니잖아요? 자기만의 길을 가겠다고 단단히 작정했던 사람이니까요. 이유는 달라도 카살스 역시 마찬가지였고요. 어쨌든 여섯 편 프로그램 모두가 저마다의 방식으로 고독에 대해 말하고 있고, 특히 개인들이 모여 이루는 집단에 관한 세 작품은 더더욱 그렇습니다. 첫 번째 집단은 이런저런 이유로 스스로 고립을 선택하여 북쪽 지방에 거주하는 사람들이었습니다. 지금은 또 다들 각자 삶의 이유로 그곳을 떠났지만요. 하지만《북쪽의 생각》이 거둔 성공 때문에 자신의 삶을 바꾼 사람도 한 명 있었습니다. 아시다시피 방송 프로그램은 사람들의 인생을 변화시키는 기묘한 재주가 있잖아요.《아메리칸 패밀리》가 여실히 보여주었듯이 말이시요. 하지만 아무튼《북쪽의 생각》은 개인들을 한데 모아 그들의 개별적 경험을 비교하는 프로그램이었습니다.

《늦게 오는 자들》은 나로서는《북쪽의 생각》에서처럼 공감하지는 못할 주제를 다루었습니다. 가축 몰이를 하는 이들의 삶 — 제아무리 멋지고 외딴곳에 있는 바위산으로

은거지를 정하더라도 — 이 내게는 조금도 와닿지 못하기 때문입니다. 이 프로그램의 주제는 표면상으로는 아웃포트♦에서 사는 삶의 존립 가능성입니다. 아웃포트는 그 어떤 편의 시설도 없고, 주요 고속도로와도 연결되어 있지 않아 지리적으로도 바깥 세계와 단절되어 있습니다.

프로그램에서 언급되는 마을은 세인트조지프스라는 이름의 마을입니다. 출연한 이들의 고향은 제각각이었지만 그냥 편의상 모든 출연진을 그곳 출신으로 설정했습니다. 세인트조지프스는 지금은 유령 마을이 되었습니다. 우리의 수석 대변인이자 프로그램의 진행을 맡은 사람이 있었는데, 지금은 여기서 멀지 않은 곳 대학의 예술 학과장을 맡고 있어요. 그런데 그 사람이 세인트조지프스 출신입니다. 다큐멘터리를 제작하기 몇 달 전 그는 고향을 찾았다가 말 그대로 마을이 소멸하는 순간을 목도했다고 하더군요. 마지막까지 마을을 지킨 아버지를 모시고 이사를 나왔다고 해요. 그가 들려준 이야기는 매우 감동적이었습니다. 그의 이야기를 듣고 나니 다큐멘터리에 등장하는 서로 다른 인물들이 어떤 방식으로든 세인트조지프스

♦ 아웃포트(outport): 캐나다 뉴펀들랜드 지방의 작은 어촌을 가리키는 표현. — 옮긴이

와 연결된 것 같았습니다. 다큐멘터리의 메시지 역시 그러한 기조로 통일하면 좋겠다는 생각이 들었습니다. 그리고 그러기 위해 나는 가상의 가족 관계를 만들었고, 주요 등장인물들이 서로 극적인 대화를 주고받게 함으로써 가상의 가족 관계에 신빙성을 더했습니다.

언젠가 마셜 매클루언은 라디오는 '뜨거운' 매체이고 텔레비전은 '차가운' 매체라고 쓴 바 있습니다. 그런데 제 느낌은 늘 그 정반대였어요. 라디오는 언제 들어도 나의 내면을 돌아보게 해줍니다. 라디오는 나의 고독을 들여다보게 해주고 내가 품은 환상을 건드리는 매체입니다. 반면 텔레비전은 보는 이를 몽롱하게 만들 뿐 그 어떤 것에도 깊숙이 관여하는 걸 허용하지 않는 매체 같아요.

동의합니다. 매클루언이 그렇게 양분한 것도 라디오에 관한 그의 견해에서 비롯된 것이라고 생각되지 않습니다(마셜은 그다지 라디오를 많이 듣는 사람이 아닌 것 같다는 의심도 듭니다). 그보다는 어떤 노림수를 가지고 이야기를 몰아가려 했다고 봅니다. 그리고 그 이야기의 종착점에는 영화와 텔레비전을 구분하려는 시도가 있었지 싶습니다. 내게는 그다지 설득력이 없는 구분이지만요.

1967년 캐나다 건국 100주년을 맞아 『토론토 선』지는 캐나다 출신의
저명인사에 관한 특집 기사를 게재했다. 왼쪽부터 소설가 몰리 캘러핸,
지휘자 어니스트 맥밀런 경, 배우 케이트 리드, 화가 A. Y. 잭슨, 글렌 굴드,
그리고 철학자 마셜 매클루언. (『토론토 선』, 캐나다 국립 도서관)

나는 매클루언을 매우 존경합니다. 사실 그는 한때 내 이웃이기도 했어요. 지금은 이사를 갔지만요. 아직도 가끔 한 번씩 만납니다. 아주 귀하고 훌륭한 분이시지요. 하지만 매클루언은 《미디어의 이해》*에서 열을 내가며 사용했던 트렌디한 전문 용어들을 쓰지 않는 편이 낫다고 늘 생각해왔습니다. 그런 용어들이 무슨 의미인지 알기 위해 굳이 애써본 적도 없습니다. 한번은 그와 끝없는 논쟁을 벌인 게 기억나네요. 그때 나는 도로아미타불이라는 게 바로 이런 거구나 하고 깨달았더랬습니다. 마셜과 논쟁을 하면 논쟁을 하는 기분이라기보다 그의 추궁을 받는 입장이 된 느낌을 받습니다. 그의 대답이 그 어떤 유용한 방식으로 당신의 질문과 관련을 맺을 거라는 장담도 없습니다. 그가 내놓는 대답들은 흥미진진하고 이해를 돕고 고무적일 테지만, 당신이 던진 질문에 대한 응답이 된다는 보장이 없을 거란 말입니다. 그러니까 논쟁이 성립할 가능성이 아예 존재하지 않는 겁니다. 하지만 아무튼, 텔레비전이라는 매체가 맹렬한 기세로 영화를 먹어

♦ 《미디어의 이해(Understanding Media: The Extensions of Man)》: 매클루언이 1964년 출간한 책으로, 미디어 이론의 선구적 저술로 평가받는다. 이 책에서 매클루언은 "미디어가 곧 메시지"라고 주장했다. — 옮긴이

삼키면서 하루 종일 영화를 틀어대던 당시 — 20년 전만 하더라도 텔레비전에서 영화를 감상하려면 심야 시간대까지 기다려야 했는데 말이죠 — 나는 매클루언에게 텔레비전과 영화를 구분하려는 시도는 무의미하다고 말한 바 있습니다. 그 말이 먹혔는지는 몰라도요.

라디오를 고독의 메타포로 받아들일 수도 있습니다. 라디오는 그만큼 훨씬 내밀한 경험이지요. 선생께서 내면을 향하는 매체에 그토록 강한 흥미를 느끼는 이유가 있다면요?

가능한 한 가장 현명한 대답을 드리고 싶군요. 왜냐하면 거대한 질문이고 또 중요한 질문이기도 하니까요. 실제 비율이 어떻게 될지는 모르겠지만, 나는 사람이 다른 사람과 보내는 시간과 혼자 보내는 시간 사이에 최소한의 비율이 있는 것 같다고 늘 막연히 짐작해왔습니다. 1:X의 비율로 표현할 수 있겠죠. 1이 타인과 보낸 한 시간이고 X는 혼자 보내는 시간을 가리킵니다. 그 X가 숫자로 얼마가 될지는 나도 모르겠습니다. 2와 7/8일 수도 있겠고 7과 2/8일 수도 있겠죠. 하지만 1보다 더 큰 숫자가 될 거라는 점은 분명합니다. 어쨌든 내게 라디오는 어릴 때부터 아주 가까이 두고서 거의 쉬지 않고 들은 매체입니다. 내게는 벽지와도 같은 게 라디오예요. 잠자리에 들 때도 라디오를 켜둡니다. 넴뷰탈을 끊은 뒤로는 라디오가 없으면 잠을 잘 수가 없어요. [웃음]

라디오를 켜둔 채로 잠을 자면 꾸는 꿈에도 영향이 있을까요?

물론입니다. 정시 뉴스 시간에 방송되는 내용이 단신 형태로 정리되어 꿈의 소재로 사용되는 식입니다. 이를테면 이런 겁니다. 아침에 일어나서 간밤에 꾼 꿈을 생각합니다. '아이고야, 어젯밤 타이태닉호에 관한 아주 요상한 꿈을 꿨네' 하며 말이죠. 그러고서 현관에 나가 신문을 집어 듭니다. 그러고는 신문에 대문짝만하게 난 기사를 봅니다. "루시타니아호 침몰." 잠결에 들은 뉴스가 변주되어 꿈에 나타난 것이지요.

라디오 소리가 배경 음악처럼 늘 흘러나오는 환경과 고독한 생활이 양립 불가능하다고 여기는 이들도 있는 모양이지만, 나는 양자 사이에 그 어떤 상호 모순도 발견하지 못합니다. 지난주 라디오가 순수하게 물리적 힘을 행사하는 사례를 말씀드렸었죠. 베토벤의 《작품109》 공연을 준비하면서 정신적 장애물을 머릿속에서 몰아내는 방법으로 라디오를 커다랗게 틀어놓고 연습했다고 했잖습니까. 나는 뮤잭*이라면 역정부터 내고 보는 사람들을 조금도 이해하지 못합니다. 나라면 엘리베이터 음악에는 조금도 신경 쓰지 않고 얼마든지 잘만 다닐 텐데 말이죠. 아무리 시시하고 무미건조한 음악이어도 나는 상관없습니다. 그런 쪽에는 또 완전히 둔감해서요.

아마도 고독에 관해 선생께서 느끼는 감정은 선생의 북유럽적 기질에서 기인하는 것 아닌가 싶습니다.

분명 어느 정도는 그럴 겁니다. 내가 아직 이루지 못한, 그러나 열망하고 있는 일이 한 가지 있습니다. 북극권 한계선**보다 북쪽으로 올라가 적어도 한 차례 이상 겨울을 나는 겁니다. 해가 지지 않는 여름에 가는 거야 누가 못 하겠습니까. 그러나 나는 좀처럼 해가 지평선 위로 올라오지 않는 시기에 가고 싶습니다. 정말이에요. 맹세컨대, 조만간 그렇게 할 작정입니다. 이런 이야기를 하고 다닌

* 뮤잭(Muzak): 상점, 식당, 엘리베이터 등에서 배경음처럼 내보내는 음악. — 옮긴이

** 북위 66도 33분. — 옮긴이

지도 어느덧 5~6년은 되었네요. 그런데 매년 작업 일정이 발목을 잡더군요.

그런 곳에 가시면 피아노 연주는 어쩌시려고요?

피아노야 안 쳐도 그만입니다. 하지만 동네 술집 같은 곳에 가면 피아노가 한 대쯤은 있겠지요. 그러니까 필요하면 만지작거려볼 여건이야 되지 않겠나 싶습니다. 음, 솔직히 말씀드려 한 달에 한 번 정도는 피아노의 감촉을 느껴야 합니다. 그러지 못하면 잠을 제대로 못 잡니다. 정말입니다. 지난여름 관광차 뉴펀들랜드를 찾았는데, 한 달 정도 지나고 나니까 서너 시간만 자고 나면 눈이 뜨이는 거예요. 이게 말도 안 되는 일이었던 게, 낮에는 깎아지른 언덕을 올라갔다 내려갔다 하고 해변을 거닐고 상상 속 다큐멘터리를 찍으며 파도에 큐 사인을 보내고 하는 등으로 꽤나 에너지 소모가 큰 활동을 하고 있었거든요. 매일매일 몸은 더 피곤해지는데 잠자는 시간은 줄어드니 환장할 노릇이었죠. 그러다가 마침내 깨달았습니다. 한 시간 남짓뿐이라도 좋으니 피아노와 접촉이 절실했다는 걸요. 그렇게만 되면 말 그대로 한 달은 버틸 수 있을 것 같았습니다. 필요한 건 오로지 피아노뿐이었어요. 마침 세인트존스*의 CBC 스튜디오에 낡았지만 근사한 독일산 스타인웨이 피아노가 있다는 사실이 떠올랐습니다. 4년 전 《늦게 오는 자들》을 촬영할 때 발견한 악기였지요. 피아노를 한 시간만 사용해도 좋을지 방송국에 문의한 뒤 허락을 받았습니다. 그리고 다음 날은 아기처럼 새근새근 잘만 잤지요.

저는 선생의 연주에서 진한 가을의 느낌을 받습니다. 물론 선생 특유의 명쾌하고 무량한 빛이 가미된 추정秋情이지만요.

반가운 말씀이네요. 그렇다면 내가 인생을 헛살지는 않은 모양입니다. [웃음] …있잖습니까, 왕년에 연주 무대를 투어할 때는 말이죠, 미국 남부나 유럽 남부로 향할 때면 — 적도 아래로는 내려가본 적이 없어서 남아메리카와 관련한 경험은 말씀드릴 게 전혀 없습니다 — 깊은 우울감에 빠지곤 했습니다. 이는 마이애미 해변이나 로스앤젤레스처럼 종이 반죽으로 만들어놓은 것 같은 천편일률

♦ 세인트존스(St. John's): 뉴펀들랜드 래브라도주의 주도(州都). — 옮긴이

적 도시 미관 때문만은 아니었어요. 그보다 결정적인 이유는 빛의 성질이었습니다. 이를테면 밤이 되면 빛이 갑자기 사라지는 것만 같은 느낌이었으니까요. 덕분에 몹시 우울해졌고, 이런 우울한 기분은 나의 연주도 전염시키고 말았습니다. 반면 내 인생에서 가장 좋았던 한 달은 — 가장 고독했으므로 여러 면에서 가장 중요한 한 달이기도 했는데 — 건강이 나빠져서 함부르크에서 몸을 추스르며 보낸 한 달이었습니다…. 퍽 안락하고 호화로운 환경이었지요. '피어 야레스차이텐Vier Jahreszeiten'이라는 이름의 호텔에 방을 잡았어요. 옮기자면 '사계四季'라는 이름인데, 당시 재건 중이던 함부르크의 근사한 경치가 한눈에 들어오는 자리였습니다.

급성 바이러스성 신장염이라는 질환이었어요. 아주 위험한 신장 질환의 온순한 변종 정도 되는 병이라던데, 치료에는 한 달 정도가 걸릴 거라고 했습니다. 그래서 피어 야레스차이텐 호텔에서 준격리 상태로 한 달 동안 정양하기로 했고, 함부르크에 아는 사람이 아무도 없다는 게 세상에서 가장 커다란 축복이 되어줬죠. 아마 그때가 나의 '한스 카스토르프 시기'◆였을 겁니다. 정말 경이로운

◆ 한스 카스토르프(Hans Castorp): 토마스 만의 장편 소설

경험이었죠.

날아갈 듯한 행복감을 느꼈어요. 조심해서 써야 하는 표현이겠지만, 그때 내가 그 고유한 고독감을 겪고 느낀 감정이 바로 그랬어요. 절대다수의 사람들은 알려고도 하지 않는 경험이지요. 한 가지 내가 확신하는 건, 우리 대부분은 업무 압박이든 무슨 이유로든 해서 그런 경험과의 접점을 놓치고 산다는 점입니다. 하지만 무너진 균형을 바로잡고 앞서 말한 1:X의 비율을 회복할 방법이 있을 겁니다. 그리고 머지않아 나는 암흑이 깔리는 곳에서 겨울을 나려고 합니다. 그 점 역시 확신합니다.

언젠가 『하이 피델리티』 잡지에 페툴라 클라크에 관한 글을 직접 기고하신 적이 있습니다. 그 글에서 선생은 클라크가 비틀스보다 낫다고 하셨어요. 사실상 비틀스를 깔아뭉개셨지요. 그리고 선생께서는 선생과 페툴라 클라크 사이에 공통점이 많다고 인식하고 있다는 느낌을 저는 받았어요.

《마의 산(Der Zauberberg)》의 주인공으로, 7년간 알프스산맥에 있는 요양원에 머물며 스스로 외부 세계와의 단절을 택하고 사색적이고 내향적인 정신 상태로 침잠하는 인물로 묘사된다. — 옮긴이

글쎄요, [웃음] 그 글에는 약간의 장난기가 포함되어 있었어요. 하지만 그녀가 비틀스보다 낫다는 내 견해는 진심입니다. 생각해보나 마나 한 일이죠.

신성 모독에 가까운 발언을 어떻게 설명하실 수 있습니까?

음, 먼저 그 글 자체에 대해 먼저 말씀드린 후에 신성 모독에 관해 이야기해보도록 하지요. 그 글은 그때껏 내가 썼던 글 중에서 가장 많은 공력을 들여서 쓴 것입니다. 첫 문장과 마지막 문장 사이에 여섯 달은 가로놓인 것 같네요. 아주 흥미로운 형식적 설계를 가진 글이기도 했지요. 독일인들이 말하는 '슈피겔빌트Speigelbild' 형식을 취하고 있는데, 그러니까 '거울 이미지'라는 말입니다. 음악에서 그와 같은 사례를 찾는나면 베베른의《피아노 변주곡》제1악장을 떠올리면 되겠습니다.

선생의 페튤라 클라크 에세이가 안톤 베베른을 향한 오마주의 일종이었단 말씀이신가요?

글쎄요, 그 에세이는 말하자면 32분음표도 더 많고, 베베른으로서는 꿈도 꾸지 못할 밀도 높은 텍스처를 가지고 있습니다. 하지만 글의 뼈대만 추려보면 페툴라에 관한 나의 글과 베베른의《작품27》사이에는 구조적 유사성이 있습니다. 그리고 하물며 토마스 만도 하이든의 소나타 알레그로 형식을 연구하면 도움이 될 거라는 충고를 듣고《토니오 크뢰거》를 집필했어요. 그래서 나도 한번 해보자 싶었죠.

거울은 세 번째 장면의 한가운데에 끼워져 있습니다. 에세이는 모두 다섯 장면으로 이루어져 있고요. 1번 장면과 5번 장면은 온타리오주 북서쪽의 17번 고속도로 구간을 배경으로 합니다. 차를 몰고 매러선이라는 마을을 다녀오며 했던 생각들을 담았죠. 1번 장면이 마무리 단락에 이를 때까지 페툴라의 이름은 거론되지조차 않아요. 반면 2번, 3번, 4번 장면에서는 페툴라를 정면으로 다루었습니다. 2번 장면에서는 페툴라 클라크를 유명하게 만든 〈다운타운〉과 〈마이 러브〉 같은 토니 해치♦의 노래들에 대해 썼습니다. 토니가 그녀를 위해 '낳은'(썰렁한 말장난

♦ 토니 해치(Tony Hatch, 1939~): 뮤지컬과 텔레비전용 음악을 주로 작곡한 영국 작곡가. ─ 옮긴이

입니다˙) 곡은 이것 말고도 많습니다만, 1960년대 초반의 대히트곡은 역시 〈다운타운〉과 〈마이 러브〉였습니다. 반면 4번 장면은 2년 후에 발표된 〈후 앰 아이?〉를 주로 다룹니다. 그러나 페튤라에 관해 쓴 장면들의 클라이맥스 ─ '거울'에 해당하는 ─ 는 3번 장면의 한가운데에 등장합니다. 바로 선생께서 말씀하신 페튤라와 비틀스 사이의 비교입니다.

그렇다면 모든 이미지가 말하자면 '역행전위逆行轉位, retrograde inversion' 같은 방식에 따라 배치되었다는 뜻인가요?

아주 그렇습니다. 다만 한 가지 첨언하자면, 고속도로 운전 여행에 관한 이야기는 순전히 은유적인 것만은 아니었습니다. 나는 실제로 바로 그 길을 운전하고 다니면서 페튤라 클라크의 초창기 히트곡을 알게 되었거든요 ─ 거기까지는 사실이에요. 그러나 글에서 쓴 것처럼 매러선에서 그 일이 일어난 건 아니에요. 내가 매러선이라는 고장을 글에 끌어들인 건 우선 내가 그곳을 잘 알고 있었기 때문이고 또한 한 가지 거부할 수 없는 상징을 위한 장치

˙ '해치(hatch)'는 '낳다', '부화하다'라는 뜻도 있다. ─ 옮긴이

가 되는 곳이기 때문이었습니다.

글에서도 장황히 썼습니다만, 매러선은 만약 프란츠 카프카가 이곳에 왔다면 단단히 매료되었을 게 분명한 그런 마을입니다. 포구浦口를 등지고 걸어 올라가면 거리마다 집의 모양이 바뀌는데, 이러한 광경이 마을의 관료적 구조와 계층화를 잘 보여주고 있어서입니다. 아무튼, 내가 페툴라 클라크를 발견한 곳이 글에서 쓴 지역에서 멀리 떨어지지 않은 고속도로 위였다는 건 사실입니다.

라디오 방송을 통해 그녀의 음악을 처음 들으셨지요?

오, 그래요, 물론입니다. 그전까지 나는 팝 레코드라고는 평생 단 한 장도 구입한 적이 없었어요. 그러나 그 이후에는 페툴라 클라크가 판을 냈다는 소식만 들리면 레코드 가게로 달려갔습니다…. 이제는 비유를 그만두어야 할 지점에 이른 것 같군요 — 아니아니, 한마디만 더 하겠습니다. 슈피리어호의 피오르에 자리 잡은 마을인 매러선에서 차를 타고 호숫가를 따라가다 보면 길의 맨 끝에 나오는 가장 근사한 집들 너머로 철문이 보입니다. '더 이상 진행 금지'라는 표지판이 붙은 철문 뒤에는 매러선 포인트 꼭대기의 목재 야적장이 있지요. 두 번째 장면에서 다

루었던 활기찬 노래들 ─〈다운타운〉과 〈마이 러브〉─
은 바로 이러한 사실과 관계된 선곡이었습니다. 두 곡 모
두 '떠남'과 '외향', 그리고 아마도 싹트는 성숙에 관해 노
래하고 있거든요. 그 뒤에 알게 된 사실이 있습니다. 〈후
앰 아이?〉에는 〈다운타운〉에서 사용된 모티프의 전위 모
티프가 등장하더군요. 그 사실을 발견하고는 마치 밀턴
배빗 같은 희열을 느꼈지요. 〈후 앰 아이?〉는 전적인 절
망에 관한 노래이며, 그렇기에 네 번째 장면의 핵심 주제
가 되었습니다. 어쨌든 풀죽은 노래들, 환멸의 노래들, 무
시하고 앞질러간 성숙기의 노래들 ─ 바로 〈후 앰 아이?〉
같은 노래들입니다 ─ 은 매러선을 떠나 그와는 다른 방
식으로 펼쳐진 마을을 찾아가는 길에 깐 음악과는 대조
되는 음악들이었습니다. 그리고 그것이 내가 추구한 메타
포였고요.

비틀스를 비판하신 이유는 무엇입니까?

지금도 마찬가지지만 그 당시에도 나는 비틀스가 팝 음
악에 저지른 바에 질겁했습니다. 그렇게 말하지 않을 수
가 없어요. 언젠가 네드 로럼이 비틀스가 슈베르트 이후
로 가장 뛰어난 선율쟁이라고 말했던 것이 기억나는군요.

내가 『하이 피델리티』에 글을 기고한 당시만 해도 그런 말을 주워섬기고 다니는 게 시류에 맞기도 했지만, 나로서는 이해할 수도 없었고 지금도 이해하지 못하는 관점입니다. 그러한 관점에 너무도 분하고 화가 나서 나라도 나서서 비록 간접적일지언정 로럼식의 이론을 논박하지 않을 수 없다고 느꼈습니다.

무소륵스키에 관한 이런저런 전기들을 보면 아주 흥미로운 일화가 나오는데 알고 계십니까? 어느 날 밤 음악회를 참관했다가 만취했다는 이야기인데요. 물론 무소륵스키에게는 전혀 이례적인 일도 아니었겠지만요. 술에 취한 그는 멘델스존을 과녁 삼아 한바탕 퍼붓기 시작했다고 합니다. 죽은 지 수십 년도 더 된 사람을 말이죠. 무소륵스키에 의하면 멘델스존은 19세기 유럽 음악을 망친 장본인이었습니다. 그리고 무소륵스키가 생각하기에 멘델스존의 대죄는 환상의 감각을 목 조른 것이었습니다. 정확한 문구는 기억나지 않는 관계로 대충 생각나는 대로 마구잡이식으로 표현하는 것이긴 합니다만, 그보다는 훨씬 흥미진진하고 생생한 언어였습니다. 술에 대취하여 환상에만 탐닉하는, 19세기 낭만주의 운동이 씨 뿌린 광기, 그리고 특히 무소륵스키 같은 고립된 유형 — 서유럽을 중심으로 한 전통에서 단절된 음악가였다는 의미에서 —

은 멘델스존이 표상했던 바에는 대척점에 있는 존재들이었습니다. 그리고 이건 막상 따져보면 아주 이상한 일인데요, 왜냐하면 무소륵스키의 계승자는 바로 쇼스타코비치 같은 이들이었기 때문입니다. 쇼스타코비치라면 예술은 대중을 정화淨化하기 위해 존재하는 것이라는 마르크스주의의 강령을 염두에 두고서 곡을 쓰지 않을 수 없었던 인물이 아닙니까. 그런데 멘델스존이 내세운 구조만큼 정화적인 ─ 즉 법칙을 준수하는 ─ 것이 또 어디에 있겠습니까. 하지만 무소륵스키는 바로 이것에 반기를 들었고요. 쇼스타코비치를 언급하며 양쪽을 견준 내 말의 핵심은 러시아 사람들이 멘델스존의 유산을 직시하고 어떻게든 도입함과 더불어 동시에 거기서 신화성을 벗겨내야 했다는 점입니다. 하지만 아무튼 무소륵스키는 멘델스존을 이해하지 못했습니다. 그리고 바로 이와 같은 이유로 비틀스 역시 페툴라 클라크를 이해하는 데 어려움을 겪을 거라 짐작합니다.

선생의 음악 평론에는 동의할 수 없습니다. 그러나 비틀스의 노랫말은 어떻게 보십니까? 저는 아주 특별하다고 봅니다만.

글쎄요, 내가 소름 끼치도록 싫은 건 두 가지 측면입니다. 하나는 오로지 음악과 관계된 측면이고, 다른 하나는 당시 비틀스에 의해 장려된 프로덕션 음량 조절 방식입니다. 하긴, 공정히 말해서 두 번째 측면은 비틀스가 시초는 아니었지만요. 아시다시피, 1960년대 팝 음악계 전반에 횡행하던 경향이 있었습니다. 특히 록 음악 쪽이 그랬는데 — 애시드 록이고 아니고를 불문하고 — 가사가 물리는 채널 혹은 채널들의 출력을 낮추는 경향이었습니다. 다시 말해, 악기 소리가 물리는 채널들은 언제나 출력을 올리고 반대로 가사가 물리는 채널은 출력을 억제했다는 겁니다.

요즘은 이런 경향이 훨씬 덜한 것 같습니다만, 그래도 팝 뮤직이라면 빅밴드 사운드가 제격이라는 관념과 함께 자라온 우리 세대 사람들에게 — 고릿적 이야기 한다는 소리를 듣겠지만 그게 내가 살아온 시대였습니다 — 이건 끔찍한 현상입니다. 말이야 바른말이지, 세대와 시대를 막론하고 끔찍한 녹음 경향이 아닐 수 없다고 막연히 주장하고 싶습니다. 물론 주요 트랙의 출력을 낮춤으로써 특정한 효과를 증대할 수 있다면 왜 못 그러겠습니까. 하지만 주요 트랙의 출력을 언제나 낮추는 건, 그리고 그렇게 함으로써 모든 듣는 이로 하여금 가사를 몰라 머리를 긁적이게 하는 건 내게는 매우 어리석은 결정으로 보입니다. 그렇게 하고픈 심리적 이유야 굳이 이해 못 할 바도 아니겠으나, 그래서 거기에 동의하느냐 하고 물으면 그에 대한 나의 대답은 단연코 부정적이에요.

아무튼, 불평불만은 그 정도로 하고, 나는 1960년대에 가능한 한 비틀스를 멀리해왔기에 ─ 이건 상당한 공력을 소요하는 일이었습니다 ─ 그들이 쓴 노랫말도 잘 몰라요. 안다고 해봐야 여기저기서 들러붙은 가사의 파편들과 제목 정도이고, 암송할 수 있는 노랫말을 모두 모아봐야 예닐곱 줄도 채 되지 않을 겁니다. 그러니까 내가 쓴 글은 가사를 배제하고 음악적인 관점에서 접근한 셈입니다. 출력이 충분한 상태로 쉽게 귀에 들어오는 노랫말들은 주로 비틀스의 후기 앨범과 초기 앨범에 국한되는 경향이 있습니다. 저들을 저명인사로 만든 그 양쪽 사이의 노래들의 노랫말은 최소한 내 귀에는 잘 들어오지 않아요. 〈아이 원투 홀드 유이 핸드〉는 노랫말을 알아듣겠어요. 〈렛 잇 비〉도 알아듣겠고요. 그런데 양쪽 사이에 있는 노래는 거의 어느 것 할 것 없이 악기 소리의 쓰레기 더미 아래에 갇혀 있습디다.

그러니까 나로서는 노랫말을 뺀 음악에 관해서만 어느 정도 권위를 가지고 말할 수 있을 뿐입니다. 그런데 이미 말했던 것처럼 비틀스의 음악이 참 끔찍하더란 말입니다. 있잖아요, 무소륵스키는 관찰은 정확히 했지만 잘못된 개념을 가지고 있었던 것 같습니다. 멘델스존이 깔끔하게 정돈된 열여섯 마디짜리 악절을 선호하는 까다로운 사람이었다는 그의 관찰은 퍽 정확했다고 생각합니다. 그가 인지하지 못한 것은 멘델스존이 그것과는 전혀 다른 수준에서는 창의적인 음악가였다는 사실입니다. 멘델스존의 창의성을 이해하기 위해서는 우선 그의 음악에서 가장 풍부하게 나타나는 특징이 차분함이라는 점을 받아들여야 합니다. 일단 그 점을 받아들이고 나면 멘델스존은 몹시 부드러운 동작만으로도 듣는 이를 놀라게 할 수 있음을 발견하게 됩니다. 재즈 판도에서 하는 말을 빌리자면 아주 사소한 변화만으로도 그 효과를 체감케 할 수 있다는 겁니다. 반면 무소륵스키의 경우에는 포르테와 피아노 사이의 낙차를 동원하거나 선법旋法적 순간을 끌어들여 듣는 이의 머리를 가격하는 극단적인 방법을 씁니다. 그건 그렇지만, 나는 무소륵스키를 좋아합니다. 정말이에요. 물론 그는 기술적인 면에서 숙련도가 높은 음악가는 아니었지요. 하지만 그건 비틀스도 마찬가지 아닙니까. 그러나 이는 창발創發이라 하면 으레 법칙을 파괴하면서 내는 소리와 관련이 있는 것으로 지레짐작하는 예술가들 — 이는 비단 작곡가들에게만 해당하는 건 아닙니다 — 의 시야를 흐리는 오해를 보여준다고 생각합니다. 말할 필요도 없겠지만, 나는 창조가 법칙의 파괴라고 생각하지 않습니다. 내가 생각하는 창조는 우리에게 기대되는 바로부터 다소 벗어난 전제를 붙드는 과정에서 생겨나는 미묘한 차이와 관계가 있습니다. 나는 그 어떤 종류의 폭력도 견딜 수 없는 사람인데, 그런 내게 비틀스는 본질적으로 사람들을 모욕 주고 공격하기 위해 세상에 나온 이들처럼 보였습니다.

그렇다면 선생께서 발매하신 음반의 상당수를 들은 분들이 느끼는 감정이 비틀스의 음악을 들은 선생의 기분과 비슷하다는 기묘한 역설도 성립하지 않겠습니까?

[웃음] 글쎄요, 내가 어떻게 비틀스를 따라가겠습니까, 선생. 언감생심이지요. 내가 보기에 내 녹음들은 페툴라 클라크의 음반이 가지는 효과와 같은 효과를 발휘한다고 봅니다만, 그 판단은 후세 사람들에게 맡기도록 합시다.

　하지만 대략 10년 전쯤의 일인데요, 박자가 있는 클래식 음악만 듣는다고 말하는 사람들이 내 음반을 예로 드는 경우가 있었어요. 좋은 뜻으로 하는 말씀들이었습니다. 그런데 그분들을 보면 보통 재즈부터 음악을 듣기 시작한 경우가 많더군요. 물론 나 역시도 적어도 어느 정도까지는 그런 언급에 공감할 수 있었습니다. 나는 재즈 음악계에 관심을 두지 않았지만, 그래도 레니 트리스타노♦의 음악에서 심오함을 발견하는 것이 몹시 '유행'했던 내 십대 시절에는 맹세컨대 재즈에 다가가려 노력에 노력을 거듭했습니다. 그래도 결코 성공하진 못했지요.

언젠가 어느 친구에게 영국의 악단 '무지카 레제르바타'가 연주한 르네상스 음악 녹음을 들려준 적이 있었습니다. 무지카 레제르바타는 소리의 원천에 마이크를 밀착 배치한 음향을 선호하고 명료한 텍스처, 정확한 리듬, 비브라토 없는 음성이 특징인 그룹이고, 또한 이 그룹의 소프라노는 음색과 힘 면에서 집시 가수와 흡사한 비음鼻音을 섞어 노래하는 것으로 잘 알려져 있습니다. 그런데 이들의 연주를 들은 제 친구가 그러더군요. "이 친구들, 완전히 르네상스 음악의 글렌 굴드로군!"

♦ 레니 트리스타노(Lennie Tristano, 1919~1978): 미국의 재즈 피아니스트 겸 작곡가. ― 옮긴이

아, 그것 참 듣기 좋은 소리군요. 하지만 선생께서 말씀하시는 명료함이라는 것은 어느 한 개인이나 오케스트라, 단체, 합창단의 독점적 전유물이 아니며 또 절대 그렇게 될 수도 없다고 생각합니다. 분명한 것은 명료함이란 정신 상태를 가리킨다는 점입니다. 사실을 말하자면, 나는 명료함이 콘티누오 같은 꾸준한 맥박을 가진 음악에만 배타적으로 혹은 일차적으로 적용할 수 있는 개념인지 확신하지 못합니다. 반대를 위한 반대가 되겠지만, 만약 음악이 지휘가 가능하다면 ― 물론 머릿속으로 하는 지휘이며 듣는 이를 위해 세분된 박자를 양껏 제공할 수 있는 음악이어야겠지만 ― 이건 이미 절반은 이기고 들어가는 싸움입니다.

예를 들어볼까요. 컨디션이 최고조인 바브라 스트라이샌드 ― 나는 그녀의 팬입니다 ― 에게 최고의 노래를 맡기면 마리아 칼라스 이래로 가장 위대한 노래하는 배우의 모습을 볼 수 있습니다. '노래하는 배우'라는 표현은 고심의 결과이니 주목해주시기 바랍니다. 가령 〈히 터치트 미He Touched Me〉처럼 루바토로 가득한 노래는 ― 최소한 스트라이샌드가 부르는 〈히 터치트 미〉는 루바토로 가득하고, 그나저나 화성적 구조도 훌륭해서 말이야 바른 말이지 포레가 쓴 그 어느 가곡만큼이나 훌륭합니다 ―

템포 변화의 감각과 조성 변화의 감각이 통일감을 드러내는 하나의 단일한 구조적 개념을 뒷받침합니다. 그리고 내가 보기에 비틀스가 속여 팔려 했던 지나치게 단순한 개념들 가운데는 이러한 단일한 구조적 개념을 눈을 씻고 봐도 찾을 수 없었고요.

그러니까 비틀스에 관해 내가 하려 했던 말은, 이 세상의 캐시 버베리언*들이 보여주는 변덕맞은 유행 열풍이라는 먼지가 잠잠해지고 허세를 벗겨내고 나면 남는 것은 고작 세 개의 화음이 전부란 말입니다. 이 세 개의 화음을 죽이 되도록 주무르는 법에 관한 지루한 과외라도 받고 싶으시다면 비틀스만 한 선생이 없겠지요. 그러나 반대로, 같은 세 개의 화음을 훼손하지 않고서 그저 멋지게 연주하는 법을 깨치고 싶다면 토니 해치를 찾아가시기 바랍니다.

그와 동시에, 멘델스존-무소륵스키의 상극성에 관한 제 이야기는 대단히 유효하다고 봅니다. 멘델스존의 작품

♦ 캐시 버베리언(Cathy Berberian, 1925~1983): 미국의 메조소프라노. 루치아노 베리오, 브루노 마데르나, 존 케이지, 다리우스 미요 같은 현대 작곡가들과 협업했으며, 루이 안드리선이 편곡한 비틀스의 음악을 비롯해 다양한 장르의 성악곡을 고전음악의 품 안으로 받아들여 해석하는 일에 앞장섰다. ─ 옮긴이

은 아주 극미량의 '별남 지수quirk quotient'를 담고 있는데, 바로 그렇기 때문에 별난 점이 현저하게 느껴지는 겁니다. 무소륵스키의 작품이나 ― 성격이 비슷한 예를 또 들자면 ― 야나체크의 작품, 베를리오즈의 작품은 별남 지수가 아주 높습니다. 그러니까 다시 말해 예상하지 못했던 일들이 매우 빈번히 발생한다는 뜻이고, 따라서 정말로 듣는 이를 놀라게 하기 위해서는 어마어마한 제스처가 동원되지 않을 수 없는 거죠. 멘델스존의 작품은 그렇지 않습니다. 아주 작은 움직임 하나로도, 머리카락 한 올만 제자리에 두지 않아도 깜짝 놀랄 만한 효과를 거두는 음악이지요.

이쯤에서 내 논지를 둘로 나눠서 정리하도록 하겠습니다. 우선 (a) 비틀스 본인들, 그리고 레넌과 매카트니를 주로 하여 곡을 쓴 이들, 그리고 (b) 프로덕션 과정에서 그들에게 조언을 준 이들과 스튜디오 관계자들은 필요한 만큼의 통제력도 없었고 자들이 어디로 가고 있는지도 미처 이해하지 못했습니다. 비틀스의 판을 들으면 "우리는 최소한의 화성적 구조만으로도 음악을 지어낼 수 있음을 보여주고, 또한 핵심을 잔뜩 흐림으로써 사람들로 하여금 그것이 바로 우리가 하고 있는 일이며 모든 것이 새롭고 전과는 다르다고 믿게 하고, 아싸!" 하고 득의만

만해하는 그들의 모습이 보이는 것만 같아요. 모든 게 절충주의적으로 뒤죽박죽 섞인 쓰레기나 마찬가지입니다. 무작정 시타르만 더한다고 해서 만사형통은 아니라는 말입니다.

하지만 고대 중국의 음악을 예로 들면 음고는 지루할지 몰라도 아티큘레이션이나 억양의 굴절로 음악을 '만듭니다'. 그리고 록 음악은 화성적으로 풍성하지 않고 화음도 기본적인 블루스와 컨트리 코드일 뿐인데도 아름답고요.

아주 정확한 말씀입니다. 아무래도 내가 민속 음악을 별로 좋아하지 않는다는 사실을 솔직히 인정해야겠군요. 왜 나라고 해서 농부들의 외고집에 매료당하지 않겠습니까. 그리고 내가 만약 헤브리디스 제도 같은 곳에서 다큐멘터리를 찍는 감독의 입장이 된다면 그 지방 사람들이 가진 모든 선법적 뉘앙스를 있는 그대로 포착하려 애쓸 겁니다. 성가에 어떻게든 완벽한 삼화음을 끼워 넣으려고 애를 쓰면서 성가 본연의 효과를 해치고 말았던 어떤 특정 세대의 로마 가톨릭 오르가니스트들의 어리석음을 나는 범하지 않았을 거란 말입니다. 하지만 반면, 나는 민속 음악의 음향에서 다른 정교한 구조의 근간을 듣고 간

취해낸 버르토크와 코다이의 음악에 열광할 수 없습니다. 그런데 만약 그게 비틀스가 한 바라면, 그리고 그들이 그러한 일을 설득력 있게 그리고 대단히 섬세하게 해냈다고 주장하신다면 ─ 그리고 그 섬세함이 당신에게는 뭔가 의미가 있는 것이라면 ─ 내가 거기에 대고 무슨 말을 할 수 있겠습니까! 나는 들을 수 없을 뿐이고, 이제는 나이도 많이 들고 고집도 세져서 어떻게 들리지도 않는 것을 존재한다고 할 수 있겠느냐 하고 대놓고 말할 뿐입니다. 아무튼, 이런 이야기를 계속하자니 뛰어넘을 수 없는 세대 간의 장벽이 느껴지는군요.

몇 단락 앞에서 이야기했던 논점, 즉 명료함은 정신 상태를 가리키는 것이며 어느 하나의 어법이나 개인 혹은 단체에 국한되는 개념은 아니라는 점을 다시 강조하고 싶습니다 ─ 스티브 앤드 이디♦도 함께 조화된 가락으로 노래하면 명료하지 못할 이유가 없어요. 게다가 늘 그렇게 하잖습니까. 이쨌든 명료함은 1940, 1950년대 사람들의 생각과는 달리 록 음악계나 재즈 음악계의 개인적 전유물이 아니라는 겁니다.

♦ 스티브 앤드 이디(Steve and Eydie): 1954년 결성된 미국의 부부 가수 듀오. 아내인 이디 고메가 은퇴한 2009년까지 활동했다. ─ 옮긴이

어쩌면 팝 음악에 관한 선생의 취향은 살짝 감상적으로 기운다고 해야 할지도 모르겠습니다.

팝 음악에 관한 내 취향이라고요? 그런 건 거의 없다시피 하니까 그게 감상적인지 아닌지도 모르겠네요. 다만 이렇게는 말할 수 있겠습니다. 나는 머릿속에서 빅밴드의 소리를 들으며 자랐다는 겁니다. 팝 음악을 즐기며 들을 수 있었던 건 그나마 그 소리가 주는 화성적 스펙트럼이 있었기 때문입니다. 다시 말해 팝 음악의 소리 그 자체 때문이 아니라 그것이 순응하는 화성적 스펙트럼 때문이었다는 겁니다. 노래하는 게 누구인지, 노래를 얼마나 잘하는지는 내게는 그다지 중요한 문제가 아니었고, 대신 기왕 내가 들어야 하는 음악이라면 얼마나 귀에 거슬리지 않고 배경음으로서 기능하는지가 더 중요했던 거죠.

스트라이샌드와 비틀스의 관계라면 벨리니 같은 작곡가와… 글쎄요, 벨리니보다 풍성하고 다채로우며 강렬하고 활기찬 사람이라면 누구라도 상관없을 것 같은데… 가령 쇤베르크 같은 작곡가 사이의 관계와 비슷하지 않을까 싶은데요.

1974년 "영국 지휘자들의 스승" 나이절 트윗-손웨이트로 분한 굴드.
(로버트 C. 래그즈데일, 캐나다 국립 도서관)

또 하나의 허구 캐릭터인 카를하인츠 클롭바이서로 분한 굴드.
(로버트 C. 래그즈데일, 캐나다 국립 도서관)

그건 앞뒤가 맞지 않는 비유 같은데요. 왜냐하면 나는 스트라이샌드가 아주 강렬한 인간이자 몹시 강렬한 예술가라고 생각하거든요. 그리고 쇤베르크 또한 지극히 강렬한 예술가이자 인간이었고요. 그래도 한 가지 차이점은 있겠네요. 쇤베르크가 재미를 추구하는 순간들은 퍽 독일적이랄까, 어색하고 서툴렀어요. 《현악 사중주 2번》에 불쑥 〈아, 너 사랑스러운 아우구스틴아〉 선율이 등장하는 순간처럼 말이지요. 반면 스트라이샌드는 아주 재미있는 여성이고요.

비틀스와 쇤베르크를 비유한 건 과녁을 빗나간 것, 인정합니다. 어쩌면 루치아노 베리오가 더 나은 비유 대상이 될지도 모르겠군요.

그러지 않아두 베리오가 더 적질한 비유가 아니겠는가, 하고 말씀드리려던 참이었어요. 그래요, 확실히 그래요, 단연코. 더는 말하지 않겠습니다. [웃음] 비틀스와 딱 어울리는 비유 대상을 찾아내셨으니까요.

베리오가 어떻다고 그러십니까…? 아이고… 난처하네요.

비틀스를 안톤 베베른에 견주었어야 하는 건데 말이죠.

잘 들어요, 만약 선생께서 비틀스를 베베른에 갖다 댔더라면 나는 당장 내 모든 또 다른 자아를 동원하고 내 모든 이국적 도플갱어들을 끌어모아 향후 10년간 『롤링 스톤』 편집장에게 퍼붓듯이 보내는 편지 공세를 멈추지 않았을 거요. 나는 우선 편지를 빈과 런던으로 보냈을 거고… 스베르들롭스크로도, 그리고 테디 슬로츠를 위해 브루클린 하이츠로도 보냈을 겁니다. 그렇게 세계 각지의 우편 소인이 찍힌 편지가 당신에게 끝도 없이 답지했을 거라고요. 그리고 물론 편지는 모두 같은 메시지가 적혀 있을 테고요. "이 콧이라는 얼간이가 또 이러고 앉았다."

조지 셀 망동妄動

조지 셀 망동妄動

1974년 8월 『롤링 스톤』 잡지에 글렌 굴드와의 인터뷰 2회분 중 첫 번째 기사가 게재되었다. 그때 내 글은 아래와 같은 모두冒頭로 시작되었다.

캐나다 피아니스트 글렌 굴드가 서른둘의 나이에 콘서트 무대 은퇴를 단행하기 2년 전의 일이다. 당시 굴드는 조지 셸이 지휘하는 클리블랜드 오케스트라와 바흐의 《브란덴부르크 협주곡 5번》 연습 일정이 잡혀 있었다. 연습 당일, 저마다 악기를 조율하는 단원들 사이로 등장해 무대 위로 걸어 나온 굴드의 모습을 본 깐깐한 셸의 안색은 자신의 눈앞에 펼쳐진 광경을 믿지 못하겠다는 듯 붉으락푸르락해졌다.

셸의 바로 아래쪽에는 오늘 처음으로 호흡을 맞추는 젊은 피아니스트가 피아노 옆에 놓인 작은 깔개의 위치를 조정하고 있었다. 깔개 위의 피아니스트는 톱으로 다

지휘자 조지 셀. (CBS 레코드)

리를 짤막하게 잘라 만든 접이식 나무 의자에 붙은 3인치짜리 나사의 길이를 꼼꼼히 조정하는 일에 온 정신을 바치는 중이었다. 그 작업은 그의 지극히 유별난 연주 자세에 알맞은 높이와 각도를 얻을 때까지 계속되었다. 거의 땅에 붙다시피 한 의자에 구부정하게 앉으면 건반과 코가 맞닿을 듯했는데, 빅토리아 시대 교육의 단정함과 엄격함을 벗지 못한 교회 피아노 선생님들은 굴드의 연주 자세를 보고서는 망연자실해지기 일쑤였다.

주변의 시선은 조금도 의식하지 못한 채로 마침내 흡족한 각도를 얻어낸 굴드는 고개를 들었다. 그러나 그런 그의 눈에 들어온 건 그 누구보다 완고하고 까다로운 지휘자로 알려진 인물이 분을 이기지 못하고 혼잣말을 하며 무대를 떠나는 뒷모습이었다. 셀은 끝내 돌아오지 않았고, 결국 예정된 연습은 보조 지휘자의 통솔하에 진행되었다. 역시 보조 지휘자와 함께 치른 본 공연은 대성공을 기록했다. 객석에 앉아 연주를 참관한 셀은 연주회가 끝나고 동행한 친구에게 "저 괴짜, 천재로세" 하고 속내를 털어놓았다.

지금 기억하건대, 굴드와 셀 사이의 전설적인 조우에 관한 상기 기록은 여러 잡지에서 읽은 굴드의 클리블랜드 오케스트라 데뷔 무대에 관한 보도를 종합하여 작성한 것이다. 읽은 내용을 비교적 정확히 기억하고 있다고 생각하며 쓴 글인데, 나중에 확인해보니 착오가 좀 있었다. 굴드가 클리블랜드 오케스트라 데뷔 무대에서 협연한 곡은 베토벤의 《피아노 협주곡 2번》이었다. 몇 년 뒤 나는 굴드가 클리블랜드 오케스트라의 보조 지휘자 루이스 레인과 협연한 바흐 《브란덴부르크 협주곡 5번》을 라디오 방송으로 들었는데, 이날 무대와 굴드의 1957년 클리블랜드 데뷔 무대를 혼동한 것이다.

굴드와의 인터뷰 전반부가 세상에 공개되고 나서 일주일 뒤 나는 굴드로부터 전화를 받았다. 굴드는 우선 인터뷰 기사에 관해 감사를 표한 뒤 여러 지면에 자주 게재되는 조지 셀과의 일화를 명쾌하게 바로잡고자 한다고 했다. 그렇게 하는 것이 인터뷰 후반부 기사를 써야 하는 내게도 도움이 될 거라면서 말이다. 그는 웃으며 "내 이야기를 들으면 실상은 선생께서 쓴 글의 내용보다 훨씬 엉망진창이었음을 아시게 될 겁니다"라고 했다. "선생이 쓰신 버전은 지금까지 지면을 탄 그 어떤 버전보다 온건하고 점잖습니다. 하지만 그랬기에 최소한 얼굴을 붉히지 않고 읽을 수 있게는 되었지만요."

아래의 내용은 굴드가 이야기한 사건의 전말이다.

1952년 청년 굴드가 유명한 나무 의자를 조정하고 있다.
(캐나다 국립 도서관)

정말로 일어난 일은 아래와 같습니다. 첫 번째 미국 투어 때 클리블랜드 오케스트라와 협연하기로 계약이 되었습니다. 1957년 3월로 일정이 잡혔고, 이 무대가 나 개인으로서는 클리블랜드 데뷔이기도 했습니다. 원래 프로그램에는 베토벤《피아노 협주곡 2번》과 쇤베르크《피아노 협주곡》이 포함되어 있었습니다. 그런데 아시다시피 셀 박사께서는 영국 음악에 헌신한 공로를 인정받아 대영제국으로부터 훈장까지 ─ 혹은 뭐 그 비슷한 영예를 ─ 받은 분입니다. 물론 그분의 영국 음악에의 헌신은 주로 윌리엄 월턴 경의 작품을 몇 편 초연한 게 전부였지만 말입니다. 그랬던 분이기에 쇤베르크나 혹은 또 다른 현대음악계의 진중한 인사들의 작품에는 조금도 흥미가 없었지요. 그래서 나도 처음에는 그런 분이 쇤베르크를 선택하다니 어딘가 이상하다고 여겼습니다. 하지만 어쨌든 선곡은 끝났고 나로서는 반대할 이유가 없었지요. 그러나 공연이 열리기 일주일 전, 오케스트라 매니저가 내 매니저에게 전화를 걸어와서는 셀 박사께서 일정상 너무 바쁜 관계로 쇤베르크의 작품을 연습할 시간이 충분하지 않을 것 같다는 얘기를 했는데… 말이야 그랬지만 실은 셀이 곡을 공부할 시간을 내지 않았다는 뜻이었을 겁니다. [웃음] 최소한 그게 내 짐작이었고, 황당무계한 억측은 아니었다고 생각합니다. 어쨌든 따라서 쇤베르크는 프로그램에서 빠지고 협연곡은 베토벤뿐이라는 이야기였습니다. 나는 셀과 척을 질 뜻이 없었습니다. '키클롭스 박사'로서 그의 명성은 잘 알고 있었으니까요. 당연히 동의하지 않을 수 없었지요.

아무튼 당시도 나는 요즘 쓰는 것과 같은 의자를 사용하고 있었습니다. 지금은 좌판이 없어져 애매해졌지만 그때는 항공 이동 중에 산산이 조각나기 전이라 번듯한 좌판도 있었지요. 또한 의자 다리에 붙이는 자그마한 부속물도 그때는 있었어요. 그런데 의자 높이를 1인치 낮추는 방법을 몰라 전전긍긍하고 있었던 겁니다. 의자 높이를 낮추지 않고서는 두 다리를 편히 구부릴 각도가 나오지 않을 것 같았거든요. 그래서 의자를 낮추는 대신 피아노를 높이면 되겠다고 생각했습니다. 집에서도 실험해본 바인데 아주 흡족한 성과를 거둔 방법이었죠.

그래서 클리블랜드에 도착한 나는 피아노 다리 아래에 괴는 캐스터를 대체할 나무 조각을 마련하기로 했습니다. 그런 생각을 가지고 무대로 내려갔지요. 셀 박사는 콘서트의 포문을 여는 레퍼토리였던 윌리엄 슈먼의 《뉴잉글랜드 삼부작》을 연습 중이었습니다. 그날 프로그램은 전반부는 슈먼의 곡과 베토벤《피아노 협주곡 2번》— 서로 어울리지 않는 짝입니다 — 그리고 인터미션이 있고 후반부는… 아마도 드뷔시의《목신의 오후 전주곡》과 리하르트 슈트라우스의《죽음과 변용》이었을 겁니다. 그 역시 기묘한 짝이었지요. 하지만 당시는 연주회 프로그램 구성이 그렇게 비정상적인 경우가 잦았습니다. 아까도 말했듯이 그날 무대는 클리블랜드 오케스트라와의 데뷔 무대였고, 원래 뭐든 첫 번째는 기억이 생생한 법이지 않습니까. 처녀 총각이 첫 경험을 생생히 기억하는 것처럼요. [웃음]

아무튼, 나는 공연장에 도착했고 셸 박사는 윌리엄 슈먼으로 한창 바쁜 중이었습니다. 그래서 나는 누군가를 불러 세워 물었습니다. "목공 솜씨가 필요한데, 나를 위해 몰래 뭘 좀 만들어줄 목수나 그런 사람이 혹시 있을까요?" 그랬더니 그가 그러더군요. "예, 지하층에서 일하는 조라는 양반이 있습니다. 직접 내려가서 물어보시지요." 그래서 지하층으로 내려갔습니다. 과연 '조'였던지 사실 이름은 정확히 기억나지 않습니다만 어쨌든 무척 친절한 양반이었습니다. 나무 블록을 만들어주었으면 좋겠다고 설명을 했지요. 그때 이후로 지금까지도 사용하고 있는 블록입니다(물론 클리블랜드에서 만든 블록을 그대로 쓰는 건 아닙니다…. 이후로 좀 더 정교한 물건을 제작해서 지금까지 쓰고 있는데, 덕분에 그때 이후로 앉는 자세를 조금도 바꾸지 않을 수 있었습니다). 아무튼 지하실의 조가 그러더군요. “글쎄요, 만들 수 있을 것 같긴 한데, 혹시라도 피아노가 움직여서 블록 아래로 주저앉으면 어떡합니까?” 그래서 대답했지요. “나도 그럴 위험이 있을 거라고 생각합니다. 그러니까 블록 주변으로 야트막한 울타리를 둘러주면 좋겠습니다.” “그렇다면 올라가서 악기를 직접 봐야 할 것 같습니다.” 바로 그때, 보조 매니저가 지하실에 들어오더니 셀 박사께서 나를 무대로 호출 중이라는 말을 전했습니다. 나는 지하실을 떠나며 조에게 말했습니다. “한 30분 후면 중간 휴식 시간이 있을 겁니다. 리허설은 그 이후로도 계속될 게 분명하고요. 그러니까 이따 휴식 시간에 맞춰 올라오셔서 나랑 이야기를 합시다. 뭘 만들어야 할지는 그때 결정할 수 있을 겁니다. 목공 작업에 대한 품삯은 따로 드리겠습니다.” 클리블랜드 오케스트라와는 조금도 상관없는 일이니 당연히 비용은 내가 부담해야 했지요.

그렇게까지 이야기를 해둔 뒤 무대로 올라가서 베토벤 첫 악장을 연습했습니다. 모든 게 순조로웠지요. 첫 악장을 마무리한 뒤 악단원들은 노조 규칙에 따라 휴식을 위해 해산해야 했습니다. 일부 단원은 객석 쪽으로 내려갔습니다 — 오케스트라 단원들은 늘 그러는 편입니다. 셀역시 객석 쪽으로 내려왔는데, 그렇게 하는 것이 셀의 버릇이었는지 모르겠지만 내가 생각하기에는 아니었을 것만 같습니다. 셀에게는 다리를 쭉 뻗고 앉을 수 있는 의자까지 갖춰진 안락한 대기실이 있었습니다. 의자 색깔은 진홍색이었나, 뭐 그런 비슷한 색상이었던 것으로 기억합니다. 셀이 그런 물건을 사용한다고 생각하니 어딘가 어울리지 않는 느낌이었습니다. 셀의 대기실이라면 가구도 검박하고 왠지 프로이트의 스튜디오와 비슷한 모습을 하고 있어야 할 것 같은 이미지 아닙니까? [웃음] 무대뒤에 아주 근사한 방이 있었는데 좌우간 그날은 사용하지 않더군요. 대신 객석 제일 앞 두 줄에 앉은 단원들과이야기를 나누고 있었습니다. 그들이 무슨 이야기를 하는지 내가 있는 곳에서는 한 단어도 들리지 않더군요. 그러다 문득 셀이 무대 쪽으로 걸어오더니 — 그래도 여전히객석 레벨에 서 있었으니까 내가 보기에는 어깨 위로 얼굴만 둥둥 떠 있었던 셈이지요 — 대뜸 [헝가리어 억양이짙은 영어로] "뭐 하는 건가?" 하고 묻더군요. 나는 의자를 더 이상 내렸다가는 다리 자세가 영 불편해질 것 같아대신 피아노를 살짝 올리기로 결정했다고 자초지종을 설명했습니다. 피아노를 올림으로써 의자를 내린 것과 같은 효과를 거둘 수 있고, 여기 아주 친절한 신사분께서 나무 조각을 특별 제작해주기로 하신 덕분에 저녁 공연 전까지는 문제없이 준비될 것 같다고 말씀드렸죠. 그랬더니 마에스트로께서는 "허!" 하는 탄식을 내시더군요.

그것 말고는 가타부타 다른 말씀 없이 방금까지 담소를 나누던 측근들이 있는 객석 쪽으로 돌아가십디다. 15분 휴식 시간이 끝나고 오케스트라 매니저가 손뼉을 쳐서 단원들을 다시 무대 위로 불러 모았습니다. 베토벤 제2악장부터 연습은 재개되었습니다. 셀이 총주 부분 지휘를 시작했을 때였습니다(제2악장의 총주부는 약 35초 정도 소요됩니다). 휴식 시간 중에 목수 양반에게 의자를 보여주면서 한쪽 다리의 연결 장치를 풀었다가 다시 조이지 않은 게 퍼뜩 생각나더군요. 그래서 셀이 투티를 지휘하는 동안 살그머니 의자에서 내려와 연결 장치를 다시 조이고 다른 세 다리와 높이를 맞추었습니다. 그게 전부입니다. 그러고는 곧바로 다시 의자에 앉았지요. 그나저나 내 그런 행동은 지휘대 위의 셀에게는 그 어떤 불편도 끼치지 않았고요. 그리고 그 지점부터 리허설은 평상시와 다름없이 무난히 진행되었습니다.

한 가지 언급해야 할 사항이 있습니다 — 이후 일어난

일에 크게 영향을 미쳤다고는 생각하지 않지만 그래도 말해두는 게 좋겠습니다. 제1악장을 연습할 때 나는 악장 대부분을 소프트페달을 누른 채로 연주했습니다. 소리를 좀 가늘게 하기 위해서요. 내 경우 베토벤의 초기 작품은 보통 소프트페달을 많이 사용하여 연주합니다(모차르트도 마찬가지입니다). 하지만 셀은 마음에 들지 않는 듯 지휘를 멈추고 내게 이렇게 말했습니다. "실례지만, 굴드 씨, 소프트페달을 사용하는 이유가 납득이 되지 않는군요. 불필요해요. 소리가 아주 여성스러워지잖소." 셀이 했던 말을 그대로 옮긴 겁니다…. 아직도 그 단어를 쓴 게 기억이 나요. 나는 이렇게 대답했습니다. "글쎄요, 셀 박사님, 베토벤의 피아노는 지금 우리가 사용하는 피아노만큼 강한 소리를 내지 못했다는 뻔한 사실을 설마 모르시지는 않겠지요? 또 이렇게 말씀드리면 어떨지 모르겠지만, 저는 가느다란 소리를 선호하고 클라이맥스에서도 음량을 절제하는 편이 좋습니다. 만약 소리를 조금 더 끌어올리라고 주문하시면 그렇게는 할 수 있겠습니다만, 그래도 여전히 소프트페달은 누른 채로 연주할 겁니다."

셀 박사는 내 말을 듣고 약간 화가 난 것 같았습니다. 독주자와 말싸움하는 일에는 영 익숙지 않은 모양이더군요. 게다가 그 독주자가 첫 번째 미국 투어 중인 건방

진 애송이였으니 오죽했겠습니까. 하지만 손찌검이나 뭐 그런 불미스러운 일까지는 가지 않았어요. 대신 셀 박사는 객석 어딘가에 앉아 있던 루이스 레인[당시 클리블랜드 오케스트라의 보조 지휘자]을 향해 "루이스, 피아노 소리가 충분히 들리나?" 하고 큰 소리로 물었습니다. 루이스는 "아니요, 썩 충분하지 못합니다" 하고 대답했습니다. 루이스 입장에서 달리 어떻게 대답할 수 있었겠습니까? 루이스는 몹시 친절한 사람이었지만 솔개 앞의 메뚜기처럼 겁에 질려 있었으니까요! 이 깐깐한 교관 밑에서 20년 세월을 보냈단 말입니다! [웃음] 그러니까 대답은 "충분하지 못합니다"로 정해져 있었던 셈이지요. 그래서 내가 그랬습니다. "잘 들으세요. 음량이 부족하다면 조금 더 크게 연주하겠습니다. 하지만 음량은 소프트페달과는 전혀 무관해요. 사실 소프트페달을 누르고 치는 소리가 그렇지 않은 소리보다 침투력은 더 강합니다. 다른 텍스처들을 뚫고 나아가는 힘이 더 좋아신다고요. 물론 소프트페달을 누르면 피아노 현을 두 줄만 때리기 때문에 소리의 결은 가늘어지지요. 이런 음악에는 그런 소리가 훨씬 더 적당해요. 다만 예외적으로 오케스트라 음량이 가장 커지는 대목에서는 페달에서 발을 떼고 연주할 테니 걱정 마십시오. 그렇지만 베토벤의 초기 작품이나 모차르트, 바흐를 연주하는 데 피아노 현 세 줄을 모두 동원하는 건 제가 지금까지 해온 습관과 맞지 않으니 용납해주시기 바랍니다. 어쨌든 조금 더 음량을 끌어올리는 정도는 문제없습니다."

우리 사이에 있었던 음악적 의견 불일치는 그게 유일했습니다. 그리고 이어진 연주회들은 큰 성공처럼 느껴졌고, 셀 역시 연주회가 모두 끝난 다음에는 칭찬을 아끼지 않았습니다. 하지만 첫 번째 연주회가 끝난 뒤에는 소프트페달에 관한 내 고집을 여전히 받아들일 수 없다는 말을 하긴 했어요. 터무니없는 선택이라면서 "이 단어를 써서 미안하네만 소리가 아주 여성적이 되고 만다고"라는 말을 굳이 거푸 덧붙이더군요. 성적性的 함의를 씌우려는 의도가 느껴졌지만, 그냥 모른 체하고 시치미를 떼며 이렇게 말했습니다. "그렇게 느끼신다니 유감입니다, 셀 박사님. 하지만 저는 베토벤 초기 작품을 그렇게 치지 않을 도리가 없습니다." 진짜 하고 싶었던 말은 따로 있었어요. "망할 놈의 현악군 소리만 좀 줄이면 되는 것 아닙니까! 현악기 주자들이 너무 많잖아요!" [웃음] 하지만 어쨌거나 그걸로 끝이었지요.

한편 나는 그 뒤로도 몇 차례 클리블랜드를 다시 찾았고, 클리블랜드 오케스트라와 연주할 때는 주로 루이스 레인과 협연했습니다. 한번은 어떤 이유에서인지 내 피아노가 제때 도착하지 않은 적이 있었습니다. 독주회를 열기로 되어 있었는데 말이지요. 그래서 클리블랜드 오케스트라가 보유 중인 피아노를 쓰도록 해달라고 부탁했습니다. (하우스 피아노로서는 이례적일 정도로) 아주 훌륭한 악기였죠. 세브런스 하우스에 있는 셀의 사무실로 걸어가 겁도 없이 방문을 두드리고 들어가서는 몹시 즐겁게 담소를 나누었습니다. 그리고 피아노를 사용해도 좋다는 허락도 받아냈고요. 그런 성격의 만남이 몇 차례 더 있었습니다. 컬럼비아 레코드에서도 한두 차례 우연히 만났는데, 셀은 언제나 나를 기분 좋게 대해주었습니다. 유쾌하지 못한 사건은 더는 일어나지 않았어요.

선생께서도 기억하시겠지만, 1950년대에서 1960년대 초반 셀과 클리블랜드 오케스트라의 음반은 컬럼비아 딱지가 아니라 에픽Epic 레이블을 달고 발매되었어요. 하기야, 에픽이나 컬럼비아나 사실은 같은 회사였지요. 어쨌든 셀과 클리블랜드 오케스트라의 음반에는 당시 팝 음악과 수입 레이블을 주로 담당하던 에픽 로고가 달렸어요. 줄리아드 사중주단도 에픽이었고, 레온 플라이셔도 에픽이었지요. 셀 역시 그랬고요. 원래부터 셀이 에픽 행을 자청했다고 하더군요. 그래야 베토벤 교향곡 전집처럼 컬럼비아의 번스타인이나 오먼디가 녹음하고 싶어 하던 레퍼토리와 직접적으로 경쟁 관계에 있는 곡을 녹음할 수 있는 발언권이 세졌을 테니까요. 셀은 이들 두 지휘자보다 훨씬 더 우수한 지휘자임에도 불구하고(내게 셀은 그의 직계 선배라 할 토스카니니보다도 훌륭한 지휘자입니다) 음반은 판매 실적이 썩 좋지 못했어요. 웬일인지 그랬습니다. 컬럼비아사는 조지 셀의 이름을 누구나 아는 이름으로 만들기 위해 갖은 노력을 다했어요. 셀을 『타임』지 커버스토리에 올린 것도 그런 노력 덕분이었지요. 1963년 겨울의 일로 기억합니다. 그때 나는 시카고에 있었는데, 뉴스 가판대에서 『타임』지 커버에 셀의 얼굴이 나와 있는 걸 보고 자연히 호기심이 들지 않을 수가 없어서 기사를 쭉 읽었습니다. 그러다가 어느 단락에서 어안이 벙벙해지는 내용을 읽고 충격에 한참을 멍하니 서 있었습니다. 그 단락의 내용은 대충 이랬습니다(정확한 인용은 아니어서 단어는 조금 다르겠지만 내용상으로는 원문과 퍽 가까울 겁니다). "마에스트로의 전설적인 특징 중 하나는 그의 불같은 성미다. 고故 아르투로 토스카니니와 어깨를 나란히 하지는 못한다 할지라도 멀지 않은 2위는 된다." 표현은 달라도 문장의 요지는 그랬습니다. "예를 들어 바이올리니스트 아이작 스턴은 지난 20년간 셀과 협연을 거부해오고 있다. 캐나다 피아니스트 글렌 굴드는 셀과 단 한 차례 협연한 것이 전부로, 이후 클리블랜드 오케스트라와의 무대는 마에스트로의 고집에 따라 모두 객원 지휘자와 함께 치르고 있다. 굴드 사건은 셀의 비범한 성격을 보여주는 또 하나의 특징적 단면이다. 그의 빛나는 유머 감각은⋯." [웃음] 내가 겪은 바에 따르면 유머 감각은 셀의 주요 자산과 거리가 먼데 말이죠. 기사는 이렇게 이어집니다. "리허설 도중, 괴짜 굴드 씨가 터무니없는 앉은뱅이 의자를 만지작거리느라 악단과의 귀중한 연습 시간을 뭉텅뭉텅 낭비하기 시작하자 포디움 위의 마에스트로는 아래쪽을 노려보며 '그 허튼수작, 당장 멈추지 않으면 내가 손수 자네의 둔부를 1/16인치 도려내줌세. 그러면 그토록 원하던 낮은 자세를 얻을 수 있을 테니' 하고 말했다." 있는 그대로 옮긴 겁니다. 정말로 "자네의 둔부를 1/16인치" 운운했다고 기사는 되어 있었어요. 기사는 이렇게 이어집니다. "그 이후로 굴드 씨는 클리블랜드 오케스트라와 협연할 때마다 객원 지휘자나 보조 지휘자와 호흡을 맞추었다. 셀 박사는 이따금 굴드의 콘서트를 찾았고, 그중 한 번은 연주회가 끝나고 '저 괴짜, 천재로세' 하고 되뇌는 걸 누군가 들었다고 전한다." 해당 단락은 거기서 끝이었습니다. 그러고는 셀의 전설적인 성질머리에 대한 또 다른 일화로 기타 등등, 운운, 이어졌지요.

나로서는 크게 놀란 건 물론이고 약간 화까지 나더군요. 왜냐하면 기사에서 묘사된 그런 사건은 전혀 일어나지 않았으니까요. 그래서 그전부터 꽤 잘 알고 있던 사이인 루이스 레인에게 전화를 걸어 "이게 대체 어떻게 된 겁니까?" 하고 물었습니다. 그러자 그가 그러더군요. "오, 맙소사, 마에스트로께서도 상상조차 못 할 정도로 대로하신 상태입니다." 루이스는 아주 친절한 사내라서 나도 정말 좋아하는 편이고, 또 나는 그가 늘 지휘자로서 저평가되고 있다고 생각해오고 있었어요. 다만 안타깝게도 조지셀에게는 찍소리도 못 할 정도로 휘어잡혀서 거의 조건반사처럼 셀의 역성을 들고 나선다는 생각마저 들더군요. 어쨌든 나는 내 할 말을 해야 했지요.

"도대체 어떻게 돌아가고 있는 겁니까? 그런 일이 일어나지 않았다는 건 당신도 아시잖아요, 루이스."

"그래요, 물론 그런 일은 없었지요. 그 자리에 나도 있었으니까 잘 알지요. 맙소사. 그런 일은 절대로 일어나지 않았어요."

"그렇다면 기사가 어떻게 그런 식으로… 나는 가늠도 안 되네요. 내가 의자 높이를 조절하려 했던 건 사실이고,

'저 괴짜' 운운했다는 셀의 평가도 루이스 당신이 몇 년 뒤 내게 해준 말이니까 그것도 사실이겠지요. 그 두 가지 사건에 대해서는 실제로 일어났던 일과 퍽 가깝게 쓰여 있어요. 하지만 그 두 내용 사이에 끼어든 건 다 뭐랍니까? '자네 둔부를 1/16인치 잘라내고' 어쩌고 하는 것 말이에요."

그러자 루이스는 이렇게 답합디다. "나도 모르겠어요. 하지만 『타임』지가 어떤지 잘 아시잖아요. 기사가 된다 싶으면 뭐든 지어내는 자들이니까요."

"그럴까요? 내 경험은 달랐어요. 내가 겪기로 『타임』은 이야기를 지어내서 쓰는 언론이 아니에요. 오히려 얼마나 꼼꼼히 사실관계를 체크하는지 기사의 재미를 떨어뜨리면 떨어뜨렸지. 이중 삼중으로 팩트 체크를 하는 언론이라서, 사실관계로는 한 번도 내게 문제를 일으키지 않은 곳이 바로 『타임』이란 말입니다. 지금까지 그들이 나에 관해 쓴 글들은 어느 것 가리지 않고 인세나 꼼꼼하고 정확했어요. 그러니까 더더욱 놀라운 겁니다."

"만약 마에스트로께서 여기 계셨더라면 나더러 당장 사과하라고 하셨을 거예요. 기사는 대체 어떻게 된 영문인지 나는 가늠조차 되지 않습니다. 그건 마에스트로도 마찬가지일 거예요. 마에스트로께서도 대단히 역정을 내고 계십니다. 이번 주 내내 그 이야기만 하고 계신다니까요. 그처럼 천박하고 사실과 상충하는 이야기가 지면에 게재되었다는 걸 그분도 받아들이지 못하고 계세요."

좋아요. 그로부터 한 달 뒤의 일입니다. 컬럼비아사가 『타임』지의 음악평론가 배리 패럴 — 셀의 커버스토리를 썼던 양반입니다 — 이 내 녹음 세션을 참관하고 싶어 하는데 그래도 괜찮겠냐고 내 의향을 물어왔습니다. 보통은 외부인을 녹음 스튜디오 안으로 들이지 않아 썩 내키지 않았지만 허락하기로 했습니다. 녹음 작업이 마무리되고 나와 패럴 씨는 바깥에서 차를 한잔 마셨습니다. 그러고는 호텔로 가는 길에 그의 사무실까지 그를 태워주었습니다. 셀의 기사가 나오고 고작 한두 달 뒤 시점이었지만 셀 이야기는 일언반구조차 하지 않았습니다. 결국 먼저 애가 단 건 내 쪽이었습니다. "요령 있는 질문은 아닐지도 모르겠습니다. 곤란하시면 대답을 거부해도 충분히 이해합니다. 취재원을 밝히지 않으셔도 이해하고요. 하지만 나로서는 조지 셀과 관련된 이야기를 입수하신 경위가 몹시 궁금합니다." 패럴은 "그게 무슨 말씀이신지?" 하며 뜨악해하더군요. 그래서 내가 하고 싶은 이야기를 알약 형태로 요약해서 들려주었습니다. 그리고 셀의 커버스토리에 적힌 내용 중 일부는 사실이라는 이야기도 덧

붙였습니다. 그날 의자를 만지작댔던 것도 사실이고 ─
비록 리허설에는 단 1초도 방해가 되지 않는 방식으로
그랬지만 ─ 또한 "저 괴짜, 천재로세"라고 말했다는 셀
의 언급 역시 루이스 레인에게 들은 것과 일치하기에 ─
그것이 실제로 사실인지 아닌지는 몰라도 아무튼 루이스
가 그런 이야기를 지어냈을 것 같지는 않으므로 ─ 사실
로 짐작할 만하다고 말했습니다. 하지만 내가 오케스트라
앞에서 연습에 방해가 되도록 법석을 떨었다는 이야기와
셀이 내게 했다는 저속한 코멘트는 전혀 사실이 아니라
고 했습니다. 간단히 말해 일어나지 않은 일이었다고요.
그러자 패럴은 "진짭니까?" 하고 놀라더군요.

"그래요. 그리고 나는 당신에게 그 일화를 들려준 자가
누구였는지 묻습니다. 누군가 한 이야기를 그대로 인용하
신 거니까요."

"그렇다면 취재원을 밝히지 못할 이유도 없겠군요. 그
건 조지 셀이었습니다."

"농담이시겠지요!"

"농담이 아닙니다. 셀과 인터뷰를 하기 위해 만난 마지
막 오후에 나는 '셀 박사님, 기사를 쓰려고 보니 우리 독
자들이 박사님의 유머 감각을 온전히 음미할 수 있는 일
화가 부족합니다. 적당한 일화가 있으면 들려주시겠습니

까?' 하고 요청했습니다. 그랬더니 마에스트로께서 들려주신 일화가 바로 그 이야기였습니다."[웃음]

1970년 셀이 사망하자 『타임』지는 부고 기사를 내보냈는데 거기에도 그때 그 일화가 수정 없이 그대로 되풀이되어 쓰여 있었습니다. 『뉴스위크』지도 셀의 부고를 내야 했을 텐데 아무래도 『타임』을 베꼈다는 인상을 줘서는 안 되겠다 싶었는지 그 일화를 저들 나름대로 윤색해서 적었더군요. 정확한 기억은 아니지만 대충 "그 망할 놈의 의자로 자네의 둔부를 1/16인치만큼 긁어내주겠다" 정도의 표현이었던 것으로 생각납니다. 문장을 바꿈으로써 또 다른 정통한 소식통에게서 들은 것처럼 적당히 포장한 겁니다.

그러다가 석 달쯤 뒤 『에스콰이어』 잡지에 실린 마틴 마이어의 '레코딩' 칼럼에서도 또 이 사건을 취급했습니다. 『에스콰이어』는 『타임』이나 『뉴스위크』와 달리 글의 품격 같은 데 얽매일 필요가 없는 매체입니다. 당연히 마이어는 내가 리허설을 훼방 놓았다는 둥 운운하며 예의 그 부정확한 이야기를 다시 반복했습니다. 그러면서 셀은 믿을 수 없이 너그러운 면모를 보였다면서 한마디 덧붙이더군요. 개인적으로는 나를 견디지 못함에도 불구하고 이후에도 나를 매년 클리블랜드로 초청해주었다면서요. 유럽 사람답게 걸핏하면 화를 내는 성미에도 불구하고 정녕 정직하고 품위 있는 사람이었기에 그럴 수 있었다는 논조였지요. 그래놓고는 저 유명한 순간 ― 다른 버전들과 매한가지로 악단원이 모두 보는 앞에서 이루어진 ― 에 관한 언급에 이르자 마이어는 셀 박사께서 지휘대 위에서 음흉한 시선으로 내려다보면서 유럽 악센트가 섞인 영어로 이렇게 협박했다고 썼습니다. "굴드 씨, 그 허튼 짓거리를 당장 멈추지 않으면 내가 직접…" ― 정확한 워딩은 기억나지 않지만 정작 중요한 문제는 아닐 겁니다 ―"그 의자 다리 하나를 당신의 뒷구멍에 박아주겠소."

공교롭게도 당시 『에스콰이어』의 편집 주간은 톰 헤들리라는 토론토 출신 인사였습니다. 개인적으로 알고 있는 사이여서 직접 편지를 보내 물었죠. "이런 문제에 법적으로 어떻게 대처해야 하는지도 모르고, 또 그럴 가치도 없을 것 같으니 알고 싶지도 않지만, 편시를 한 통 동봉하니 전체를 그대로 게재해주시길 바랍니다. 네 문장짜리 편지지만 한 단어도 지우거나 바꾸지 않고 그대로 실어주길 부탁합니다. 한 단어도 건드리지 말아요! 쉼표 하나도 건드리지 마십시오!" [웃음] 『에스콰이어』측은 내가 보낸 글을 전재全載했습니다. 이렇게 말해도 괜찮을지 모르겠지만, 마이어 씨가 읽은 자료에 적당히 변주를 가미하여 실은 이야기의 취지에 걸맞은 네 문장짜리 걸작이라고 부르고 싶습니다. 마이어 씨가 글의 기초로 삼은 자료들을 일일이 추적하지는 않았습니다. 다만 다른 잡지들의 글을 요약한 마이어 씨의 글 역시 실질적으로는 사실관계의 착오에서 자유롭지 못하다는 점을 지적하였지요. 아울러 자료가 이 사람에게서 다른 사람에게로 전달되는 과정에서 복사 손실(테이프 편집 과정에서 사용하는 용어입니다)이 있었음을 알고 있고, 또한 마이어 씨의 책상에 도착한 자료 또한 이러한 형태였을 것임을 이해한다고 썼습니다. 그러나 셀 박사를 향한 선의에서 출발한 부고 기사였고 또 고인을 드높이는 글을 쓰겠다고 마이어 씨가 단단히 작심했던 만큼, 한 사람의 인간이자 음악가로서 셀 박사가 가진 한 가지 미덕을 콕 집은 것이 하필이면 그의 유머 감각이었다는 게 안타까울 따름이라고 꼬집었습니다. [웃음] 게다가 마이어 씨는 글을 쓰는 과정에서 전적으로 사실과 배치될 뿐만 아니라 대단히 천박하다 하지 않을 수 없는 일화를 재확산하는 우를 범하고 말았다고 지적했지요. 나는 여기에 덧붙이길, 셀 박사의 각별히 통명스러운 쏘아붙임이 그가 "사건 당시에 말했으면 좋았을, 그러나 순발력이 부족하여 실제로 하진 못한" 응수의 파일철 속에 묻혀 세월을 묵히는 과정에서 그의 정신 속에서 마치 그런 일이 실제로 일어난 것처럼 현실성의 색채를 띤 것은 아닐까 조심스레 짐작한다고 썼습니다. 그러나 만약 그가 악단원들이 모두 보는 앞에서 내 면전에 대고 실제로 그런 말을 했더라면 그날 저녁 클리블랜드 오케스트라는 대타 독주자를 구해야 했을 거라고 결론을 내렸습니다. 나는 그런 수모를 견디지 않고 당장 짐을 쌌을 테니까요.

내가 쓴 편지는 이보다 훨씬 더 딱딱거리는 어조의 문장으로 되어 있었지만, 아무튼 요지는 그랬습니다. 『에스콰이어』는 내가 보낸 편지를 실었습니다. 그리고 그것이 선생께서 선생만의 변주를 더한 이번 사건의 자초지종입니다. [웃음] 이제 사건의 경과를 모두 아셨으니 좋을 대로 해석하셔도 좋습니다.

부록

디스코그래피

아래 음반 목록은 『피아노 쿼털리』지의 자료를 기본으로 정리했고, 여기에 루스 핑코가 제공한 정보와 CBS 레코드의 목록을 더했다.

목록에 표기된 모든 타이틀은 33과 1/3회전 레코드다. 컬럼비아 발매분의 경우 음반 번호가 'MS'로 시작하는 것은 스테레오 녹음을, 'ML'로 시작하는 것은 모노럴 녹음을 가리킨다.

목록은 작곡가 성씨를 기준으로 가나다순으로 배열했다. 한 작곡가 아래 여러 작품은 곡 제목을 가나다순으로 배열하여 정리했다.

발매 연도는 북미 지역 초판 발매를 가리키는 것이다. 그 외 지역에서 발매된 연도나 북미 지역의 재발매 연도는 포함하지 않았다. 녹음 연도는 굴드가 해당 연도의 본인 활동에 해당 작품의 일부 혹은 전부를 녹음하는 작업을 포함시켰음을 의미한다.

오르간으로 연주한 요한 제바스티안 바흐의《푸가의 기법》음반과 하프시코드로 연주한 게오르크 프리드리히 헨델의《모음곡 1번》~《모음곡 4번》음반을 제외하면 굴드의 연주는 모두 피아노로 이루어졌다.

굴드, 글렌

- 《그러니까 푸가를 쓰고 싶다고?》. 사중창과 사중주단 반주. 컬럼비아 레코드. GG-101(1963년 녹음, 1964년 발매).
- '글렌 굴드 데뷔 25주년 기념 앨범'. 제1면: 스카를라티 소나타 세 편(1968년 녹음), C. P. E. 바흐《(뷔르템베르크) 소나타 1번 A단조》(1968년 녹음), 굴드《그러니까 푸가를 쓰고 싶다고?》(1963년 녹음), 제2면: 스크랴빈 전주곡 두 편(1972년 녹음), 슈트라우스《오필리아 가곡, 작품67》(엘리자베트 슈바르츠코프, 1966년 녹음), 베토벤-리스트《교향곡 6번 F장조, 작품68》(1968년 녹음), 굴드《환상곡》(1980년 녹음). 컬럼비아 레코드. M2X 35914(1980년 발매).
- 제5도살장(영화 사운드트랙). 컬럼비아 레코드. S 31333.
- 《현악 사중주, 작품1》. 몬트리올 현악 사중주단. CBC

인터내셔널 서비스 프로그램 142(1956년 녹음).

• 《현악 사중주, 작품1》. 심포니아 사중주단. 컬럼비아 레코드. MS 6178, ML 5578(1960년 녹음, 1960년 발매).

그리그, 에드바르

• 《소나타 7번 E단조》. 컬럼비아 레코드. M 32040(1971년 녹음, 1973년 발매).

기번스, 올랜도

• 《알르망드, 혹은 이탈리아의 저음 선율》(1968년 녹음), 《환상곡 C장조》(1968년 녹음), 《솔즈베리 파반과 가야르드》(1969년 녹음). 컬럼비아 레코드. M 30825(1971년 발매).

모라베츠, 오스카

• 《환상곡》. CBC 인터내셔널 서비스 프로그램 120(1954년 녹음, 1969년 발매).

• 《환상곡 D단조》. 컬럼비아 마스터워크스. 32110046(스테레오), 32110045(모노럴)(1966년 녹음, 1967년 발매).

모차르트, 볼프강 아마데우스

- 《소나타 1번 C장조, K279》. 컬럼비아 레코드. MS 7097(1967년 녹음, 1968년 발매).
- 《소나타 2번 F장조, K280》. 컬럼비아 레코드. MS 7097(1967년 녹음, 1968년 발매).
- 《소나타 3번 B플랫장조, K281》. 컬럼비아 레코드. MS 7097(1967년 녹음, 1968년 발매).
- 《소나타 4번 E플랫장조, K282》. 컬럼비아 레코드. MS 7097(1967년 녹음, 1968년 발매).
- 《소나타 5번 G장조, K283》. 컬럼비아 레코드. MS 7097(1967년 녹음, 1968년 발매).
- 《소나타 6번 D장조, K284》. 컬럼비아 레코드. MS 7274(1968년 녹음, 1969년 발매).
- 《소나타 7번 C장조, K309》. 컬럼비아 레코드. MS 7274(1968년 녹음, 1969년 발매).
- 《소나타 8번 A장조, K310》. 컬럼비아 레코드. MS 31073(1969년 녹음, 1972년 발매).
- 《소나타 9번 D장조, K311》. 컬럼비아 레코드. MS 7274(1968년 녹음, 1969년 발매).
- 《소나타 10번 C장조, K330》. 컬럼비아 레코드. ML 5274(1958년 녹음, 1958년 발매).

- 《소나타 10번 C장조, K330》. 컬럼비아 레코드. M 31073(1970년 녹음, 1972년 발매).
- 《소나타 11번 A장조, K331》. 컬럼비아 레코드. M 32348(1965, 1970년 녹음, 1973년 발매).
- 《소나타 12번 F장조, K332》. 컬럼비아 레코드. M 31073(1965~66년 녹음, 1972년 발매).
- 《소나타 13번 B플랫장조, K333》. 컬럼비아 레코드. M 31073(1970년 녹음, 1972년 발매).
- 《소나타 14번 C단조, K457》(《환상곡과 소나타 C단조, K475/457》을 볼 것).
- 《소나타 15번 F장조, K533/494》. 컬럼비아 레코드. M 32348(1972~73년 녹음, 1973년 발매).
- 《소나타 16번 C장조, K545》. 컬럼비아 레코드. M 32348(1967년 녹음, 1973년 발매).
- 《소나타 17번 B플랫장조, K570》. 컬럼비아 레코드. M 33515(1974년 녹음, 1975년 발매).
- 《소나타 18번 D장조, K576》. 컬럼비아 레코드. M 33515(1974년 녹음, 1975년 발매).
- 피아노 소나타 전곡. 컬럼비아 레코드. D5S 35899.
- 《협주곡 24번 C단조, K491》. CBC 심포니 오케스트라. 발테르 수스킨트, 지휘. 컬럼비아 레코드. MS 6339,

ML 5739(1961년 녹음, 1962년 발매).

- 《환상곡 C단조, K475》(《환상곡과 소나타 C단조, K475/457》을 볼 것).
- 《환상곡 D단조, K397》. 컬럼비아 레코드. M 32348 (1972년 녹음, 1973년 발매).
- 《환상곡과 소나타 C단조, K475/457》. 컬럼비아 레코드. M 33515(《K475》는 1966~67년 녹음, 《K457》은 1973~74년 녹음, 1975년 발매).
- 《환상곡과 푸가 C장조, K394》. 컬럼비아 레코드. ML 5274(1958년 녹음, 1958년 발매).

바그너, 리하르트

- 굴드가 편곡한 세 편의 바그너 작품: 《뉘른베르크의 명가수》 전주곡, 《신들의 황혼》 중 〈여명과 지크프리트의 라인 기행〉, 《지크프리트 목가》. 컬럼비아 레코드. M 32351(1973년 녹음, 1973년 발매).

바흐, 요한 제바스티안

- 건반 파르티타집. 컬럼비아 레코드. M2S 693.
- 《골드베르크 변주곡》. 컬럼비아 레코드. MS 7096 (1955년 녹음, 1956년 발매).

- 《골드베르크 변주곡》. 컬럼비아 레코드. M 31820 (1980년 녹음, 1981년 발매).
- 《골드베르크 변주곡》. 컬럼비아 레코드. IM 37779(디지털)(1981년 녹음, 1982년 발매).
- '리틀 바흐 북'. 컬럼비아 레코드. M 36672(1955, 1979년 녹음, 1980년 발매).
- 바이올린과 하프시코드를 위한 여섯 편의 소나타. 하이메 라레도, 바이올린. 컬럼비아 레코드. M2 34226 (1975~76년 녹음, 1976년 발매).
- 비올라 다 감바와 하프시코드를 위한 세 편의 소나타. 레너드 로즈, 첼로. 컬럼비아 레코드. M 32934(1973~74년 녹음, 1974년 발매).
- 《영국 모음곡 1번》~《영국 모음곡 6번》. 컬럼비아 레코드. M2 34578(1971, 1973~76년 녹음, 1977년 발매).
- 《이탈리아 협주곡》. 컬럼비아 레코드. MS 6141, ML 5472(1959년 녹음, 1960년 발매).
- 인벤션과 신포니아. 컬럼비아 레코드. MS 6622, ML 6022(1963~64년 녹음, 1964년 발매).
- 전주곡, 푸게타와 푸가. 컬럼비아 레코드. M/MT 35891(1979년 녹음, 1980년 발매).
- 《토카타 7번 E단조》. 컬럼비아 레코드. MS 6498, ML

5898(1963년 녹음, 1963년 발매).

- 토카타 제1집. 컬럼비아 레코드. M/MT 35144(1976
년 녹음, 1979년 발매).

- 토카타 제2집. 컬럼비아 레코드. M/MT 35831(1963,
1979년 녹음, 1980년 발매).

- 파르티타와 인벤션. 컬럼비아 레코드. D3S 754.

- 《파르티타 1번》,《파르티타 2번》. 컬럼비아 레코드.
MS 6141, ML 5472(1959년 녹음, 1960년 발매).

- 《파르티타 3번》,《파르티타 4번》. 컬럼비아 레코드.
MS 6498, ML 5898(1962~63년 녹음, 1963년 발매).

- 《파르티타 5번》. CBC 인터내셔널 서비스 프로그램
120(1954년 녹음, 1954년 발매).

- 《파르티타 5번》,《파르티타 6번》. 컬럼비아 레코드.
ML 5186(1957년 녹음, 1957년 발매).

- 《평균율 클라비어곡집 제1권》, 〈전주곡과 푸가 1번〉~
〈전주곡과 푸가 8번〉. 컬럼비아 레코드. MS 6408, ML
5808(1962년 녹음, 1963년 발매).

- 《평균율 클라비어곡집 제1권》, 〈전주곡과 푸가 9번〉~
〈전주곡과 푸가 16번〉. 컬럼비아 레코드. MS 6538,
ML 5938(1963년 녹음, 1964년 발매).

- 《평균율 클라비어곡집 제1권》, 〈전주곡과 푸가 17번〉

~〈전주곡과 푸가 24번〉. 컬럼비아 레코드. MS 6776, ML 6176(1965년 녹음, 1965년 발매).

- 《평균율 클라비어곡집 제2권》, 〈전주곡과 푸가 1번〉~〈전주곡과 푸가 8번〉. 컬럼비아 레코드. MS 7099(1966~67년 녹음, 1968년 발매).

- 《평균율 클라비어곡집 제2권》, 〈전주곡과 푸가 9번〉~〈전주곡과 푸가 16번〉. 컬럼비아 레코드. MS 7409(1969년 녹음, 1970년 발매).

- 《평균율 클라비어곡집 제2권》, 〈전주곡과 푸가 17번〉~〈전주곡과 푸가 24번〉. 컬럼비아 레코드. M 30537(1971년 녹음, 1971년 발매).

- 《평균율 클라비어곡집 제1권》(전곡). 컬럼비아 레코드. D3S 733.

- 《평균율 클라비어곡집 제2권》(전곡). 컬럼비아 레코드. D3M 31525.

- 《평균율 클라비어곡집 제2권》 중 〈푸가 E장조〉. 컬럼비아 레코드. ML 5186(1957년 녹음, 1957년 발매).

- 《평균율 클라비어곡집 제2권》 중 〈푸가 F샤프단조〉. 컬럼비아 레코드. ML 5186(1957년 녹음, 1957년 발매).

- 《푸가의 기법》, 〈푸가 1번〉~〈푸가 9번〉. 컬럼비아 레

코드. MS 6338, ML 5738(1962년 녹음, 1962년 발매).

- 《프랑스 모음곡 1번》~《프랑스 모음곡 4번》. 컬럼비아 레코드. M 32347(1972~73년 녹음, 1973년 발매).

- 《프랑스 모음곡 5번》, 《프랑스 모음곡 6번》. 컬럼비아 레코드. M 32853(1971, 1973년 녹음, 1974년 발매).

- 《프랑스 양식의 서곡》. 컬럼비아 레코드. M 32853 (1973년 녹음, 1974년 발매).

- 《협주곡 1번 D단조》. 컬럼비아 심포니 오케스트라. 레너드 번스타인, 지휘. 컬럼비아 레코드. ML 5211(1957년 녹음, 1957년 발매).

- 《협주곡 2번 E장조》. 컬럼비아 심포니 오케스트라. 블라디미르 골슈먼, 지휘. 컬럼비아 레코드. MS 7294 (1969년 녹음, 1969년 발매).

- 《협주곡 3번 D장조》. 컬럼비아 심포니 오케스트라. 블라디미르 골슈먼, 지휘. 컬럼비아 레코드. MS 7001, ML 6401(1967년 녹음, 1967년 발매).

- 《협주곡 4번 A장조》. 컬럼비아 심포니 오케스트라. 블라디미르 골슈먼, 지휘. 컬럼비아 레코드. MS 7294 (1969년 녹음, 1969년 발매).

- 《협주곡 5번 F단조》. 컬럼비아 심포니 오케스트라. 블라디미르 골슈먼, 지휘. 컬럼비아 레코드. MS 7001,

ML 5298(1958년 녹음, 1958년 발매).

- 《협주곡 7번 G단조》. 컬럼비아 심포니 오케스트라. 블라디미르 골슈먼, 지휘. 컬럼비아 레코드. MS 7001, ML 6401(1967년 녹음, 1967년 발매).

버드, 윌리엄

- 《파반과 가야르드 1번》(1967년 녹음),《파반과 가야르드 6번》(1967년 녹음),《볼런터리》(1967년 녹음),《휴애슈턴의 저음 선율》(1971년 녹음),《셀린저의 돌림노래》(1971년 녹음). 컬럼비아 레코드. M 30825(1971년 발매).

베르크, 알반

- 《소나타, 작품1》. 홀마크. RS-3(1953년 녹음, 1953년 발매).
- 《소나타, 작품1》. 컬럼비아 레코드. ML 5336(1958년 녹음, 1959년 발매).

베토벤, 루트비히 판

- 《교향곡 5번 C단조》. 리스트 편곡. 컬럼비아 레코드. MS 7095(1967~68년 녹음, 1968년 발매).

- 《바가텔, 작품33》,《바가텔, 작품126》. 컬럼비아 레코드. M 33265(1974년 녹음, 1975년 발매).
- 《변주곡 E플랫장조, 작품35》. 컬럼비아 레코드. M 30080(1967, 1970년 녹음, 1970년 발매).
- 《변주곡 F장조, 작품34》. 컬럼비아 레코드. M 30080(1967년 녹음, 1970년 발매).
- 《서른두 개의 변주곡 C단조, WoO 80》. 컬럼비아 레코드. M 30080(1966년 녹음, 1970년 발매).
- 《피아노 소나타 1번 F단조, 작품2의 1》. 컬럼비아 레코드. M2 35911(1974, 1976년 녹음, 1980년 발매).
- 《피아노 소나타 2번 A장조, 작품2의 2》. 컬럼비아 레코드. M2 35911(1974, 1976년 녹음, 1980년 발매).
- 《피아노 소나타 3번 C장조, 작품2의 3》. 컬럼비아 레코드. M2 35911(1976, 1979년 녹음, 1980년 발매).
- 《피아노 소나타 5번 C단조, 작품10의 1》. 컬럼비아 레코드. MS 6686, ML 6086(1964년 녹음, 1965년 발매).
- 《피아노 소나타 6번 F장조, 작품10의 2》. 컬럼비아 레코드. MS 6686, ML 6086(1964년 녹음, 1965년 발매).
- 《피아노 소나타 7번 D장조, 작품10의 3》. 컬럼비아 레코드. MS 6686, ML 6086(1964년 녹음, 1965년 발매).
- 《피아노 소나타 8번 C단조, 작품13》. 컬럼비아 레코드.

MS 7413, ML 6345(1966년 녹음, 1967년 발매).

- 《피아노 소나타 9번 E장조, 작품14의 1》. 컬럼비아 레코드. MS 6945, ML 6345(1966년 녹음, 1967년 발매).

- 《피아노 소나타 10번 G장조, 작품14의 2》. 컬럼비아 레코드. MS 6945, ML 6345(1966년 녹음, 1967년 발매).

- 《피아노 소나타 12번 A플랫장조, 작품26》. 컬럼비아 레코드. IM 37831(디지털)(1982년 녹음, 1983년 발매).

- 《피아노 소나타 13번 E플랫장조, 작품27의 1》. 컬럼비아 레코드. IM 37831(디지털)(1982년 녹음, 1983년 발매).

- 《피아노 소나타 14번 C샤프단조, 작품27의 2》. 컬럼비아 레코드. MS 7413(1967년 녹음, 1970년 발매).

- 《피아노 소나타 15번 D장조, 작품28》. 컬럼비아 레코드. M2 35911(1979년 녹음, 1980년 발매).

- 《피아노 소나타 16번 G장조, 작품31의 1》. 컬럼비아 레코드. M 32349(1971, 1973년 녹음, 1973년 발매).

- 《피아노 소나타 17번 D단조, 작품31의 2》. 컬럼비아 레코드. M 32349(1967, 1971년 녹음, 1973년 발매).

- 《피아노 소나타 18번 E플랫장조, 작품31의 3》. 컬럼비아 레코드. M 32349(1967년 녹음, 1973년 발매).

- 《피아노 소나타 23번 F단조, 작품57》. 컬럼비아 레코드. MS 7413(1967년 녹음, 1970년 발매).
- 《피아노 소나타 30번 E장조, 작품109》. 컬럼비아 레코드. ML 5130(1956년 녹음, 1956년 발매).
- 《피아노 소나타 31번 A플랫장조, 작품110》. 컬럼비아 레코드. ML 5130(1956년 녹음, 1956년 발매).
- 《피아노 소나타 32번 C단조, 작품111》. 컬럼비아 레코드. ML 5130(1956년 녹음, 1956년 발매).
- 《피아노 협주곡 1번 C장조》. 컬럼비아 심포니 오케스트라. 블라디미르 골슈먼, 지휘. 컬럼비아 레코드. Y 30491(1958년 녹음, 1958년 발매).
- 《피아노 협주곡 2번 B플랫장조》. 컬럼비아 심포니 오케스트라. 레너드 번스타인, 지휘. 컬럼비아 레코드. ML 5211(1957년 녹음, 1957년 발매).
- 《피아노 협주곡 3번 C단조》. 컬럼비아 심포니 오케스트라. 레너드 번스타인, 지휘. 컬럼비아 레코드. MS 6096, ML 5418(1959년 녹음, 1960년 발매).
- 《피아노 협주곡 4번 G장조》. 뉴욕 필하모닉 오케스트라. 레너드 번스타인, 지휘. 컬럼비아 레코드. MS 6262, ML 5662(1961년 녹음, 1961년 발매).
- 《피아노 협주곡 5번 E플랫장조》. 아메리칸 심포니 오

케스트라. 레오폴드 스토코프스키, 지휘. 컬럼비아 레코드. MS 6888, ML 6288(1966년 녹음, 1966년 발매).

브람스, 요하네스

- 《간주곡집》. 컬럼비아 레코드. MS 6237, ML 5637 (1960년 녹음, 1961년 발매).
- 《두 개의 광시곡, 작품79》. 컬럼비아 레코드(1982년 녹음, 1983년 발매).
- 《발라드, 작품10》. 컬럼비아 레코드. IM 37800(1982 년 녹음, 1983년 발매).
- 《피아노 오중주 F단조》. 몬트리올 현악 사중주단. CBC 트랜스크립션 서비스 프로그램 140(1957년 녹음, 1957 년 발매).

비제, 조르주

- 《반음계적 변주곡》. 컬럼비아 레코드. M 32040(1971 년 녹음, 1973년 발매).
- 《첫 번째 야상곡》. 컬럼비아 레코드. M 32040(1972년 녹음, 1973년 발매).

쇤베르크, 아르놀트

- 《가곡집, 작품1》, 《가곡집, 작품2》, 《가곡집, 작품15》. 도널드 그램, 베이스-바리톤. 엘런 폴, 소프라노. 헬렌 배니, 메조소프라노. 컬럼비아 레코드. MS 6816, ML 6216(1964~65년 녹음, 1966년 발매).

- 《가곡집, 작품3》, 《가곡집, 작품6》, 《가곡집, 작품12》, 《가곡집, 작품14》, 《가곡집, 작품48》, 사후 출판. 도널드 그램, 베이스-바리톤. 코르넬리스 오프토프, 바리톤. 헬렌 배니, 메조소프라노. 컬럼비아 레코드. M 31312(1964~65, 1968, 1970~71년 녹음, 1972년 발매).

- 《나폴레옹 보나파르트 송가頌歌, 작품41》. 줄리아드 사중주단. 존 호턴, 연사. 컬럼비아 레코드. M2S 767, ML 6437(1965년 녹음, 1967년 발매).

- 《다섯 편의 피아노곡, 작품23》. 컬럼비아 레코드. MS 6817, ML 6217(1965년 녹음, 1966년 발매).

- 《두 개의 피아노곡, 작품33a/b》. 컬럼비아 레코드. MS 6817, ML 6217(1964~65년 녹음, 1966년 발매).

- 《바이올린과 피아노를 위한 환상곡, 작품47》. 이스라엘 베이커, 바이올린. 컬럼비아 레코드. MS 7036, ML 6436(1964년 녹음, 1967년 발매).

- 《세 편의 피아노곡, 작품11》. 컬럼비아 레코드. ML

5336(1958년 녹음, 1959년 발매).

- 《여섯 편의 피아노 소품, 작품19》. 컬럼비아 레코드. MS 6817, ML 6217(1964~65년 녹음, 1966년 발매).
- 《피아노 모음곡, 작품25》. 컬럼비아 레코드. MS 6817, ML 6217(1964년 녹음, 1966년 발매).
- 《피아노 협주곡, 작품42》. CBC 심포니 오케스트라. 로버트 크래프트, 지휘. 컬럼비아 레코드. MS 6339, ML 5739(1961년 녹음, 1962년 발매).

쇼스타코비치, 드미트리

- 《세 편의 환상적 춤곡》. H. 글리크먼, 편곡. 앨버트 프라츠, 바이올린. 홀마크. RS-3(1953년 녹음, 1953년 발매).

슈만, 로베르트

- 《피아노 사중주 E플랫장조》. 줄리아드 사중주단. 컬럼비아 레코드. D3S 806(1968년 녹음, 1969년 발매).

슈트라우스, 리하르트

- 《다섯 편의 소품, 작품3》. 컬럼비아 레코드. M 38659 (1982년 녹음, 1983년 발매).

- 《이녹 아든》. 클로드 레인스, 연사. 컬럼비아 레코드. MS 6341, ML 5741(1961년 녹음, 1962년 발매).
- 《피아노 소나타, 작품5》. 컬럼비아 레코드. M 38659 (1982년 녹음, 1984년 발매).

스크랴빈, 알렉산드르

- 《소나타 3번》. 컬럼비아 레코드. MS 7173(1968년 녹음, 1969년 발매).

시벨리우스, 장

- 《세 편의 소나티나, 작품67》.《퀄리키(피아노를 위한 세 편의 서정적 소품), 작품41》. 컬럼비아 레코드. M 34555(1977년 녹음, 1977년 발매, 1977년 믹스).

안할트, 이스트반

- 《피아노를 위한 환상곡》. 컬럼비아 마스터워크스. 32110046(스테레오), 32110045(모노럴)(1967년 녹음, 1967년 발매).

에투, 자크

- 《피아노 변주곡》. 컬럼비아 마스터워크스. 32110046

(스테레오), 32110045(모노럴)(1967년 녹음, 1967년 발매).

크레네크, 에른스트

- 《소나타 3번》. 컬럼비아 레코드. ML 5336(1958년 녹음, 1959년 발매).

타네예프, 세르게이

- 《하프의 탄생》. A. 하르트만, 편곡. 앨버트 프라츠, 바이올린. 홀마크. RS-3(1953년 녹음, 1953년 발매).

프로코피예프, 세르게이

- 〈겨울 요정〉(《신데렐라》 중에서). M. 피흐텐골츠, 편곡. 앨버트 프라츠, 바이올린. 홀마크. RS-3. 컬럼비아 레코드(1953년 녹음, 1953년 발매).
- 《소나타 7번 B플랫장조, 작품83》. 컬럼비아 레코드. MS 7173(1967년 녹음, 1969년 발매).

하이든, 요제프

- 《피아노 소나타 49번 E플랫장조》(1789~90). 컬럼비아 레코드. ML 5274(1958년 녹음, 1958년 발매).

- 《피아노 소나타 56번 D장조》. 컬럼비아 레코드. I2M
  36947(디지털)(1980~82년 녹음).
- 《피아노 소나타 58번 C장조》. 컬럼비아 레코드. I2M
  36947(디지털)(1980~82년 녹음).
- 《피아노 소나타 59번 E플랫장조》. 컬럼비아 레코드.
  I2M 36947(디지털)(1980~82년 녹음).
- 《피아노 소나타 60번 C장조》. 컬럼비아 레코드. I2M
  36947(디지털)(1980~82년 녹음).
- 《피아노 소나타 61번 D장조》. 컬럼비아 레코드. I2M
  36947(디지털)(1980~82년 녹음).
- 《피아노 소나타 62번 E플랫장조》. 컬럼비아 레코드.
  I2M 36947(디지털)(1980~82년 녹음).

헨델, 게오르크 프리드리히

- 《모음곡 1번》~《모음곡 4번》. 컬럼비아 레코드. M
  31512(1972년 녹음, 1972년 발매).

힌데미트, 파울

- 《금관과 피아노를 위한 네 편의 소나타》. 다양한 독
  주자. 컬럼비아 레코드. M2 33971(1975~76년 녹음,
  1976년 발매).

- 《성모 마리아의 삶》. 록솔라나 로슬라크. 컬럼비아 레코드. M2 34597.
- 세 편의 피아노 소나타. 컬럼비아 레코드. M 32350 (1966~67, 1973년 녹음, 1973년 발매).

캐나다 국영 방송사의 글렌 굴드 테이프 컬렉션

아래 목록은 굴드가 1951년에서 1957년 사이에 연주한 곡을 캐나다 국영 방송사CBC가 녹음하여 보관 중인 자료다.

목록은 녹음이 이루어진 날짜 순서로 배열했다. 자료 번호는 CBC의 일련번호 체계에 의한 것이며, 자료 번호를 확인할 수 없는 경우에는 '번호 미상'으로 표기했다.

- 1951년 3월 6일, 번호 미상. 카를 마리아 폰 베버《작은 협주곡》. 토론토 심포니 오케스트라. 어니스트 맥밀런 경, 지휘.
- 1951년 10월 28일, 자료 번호 6728(18). '밴쿠버 심포니 오케스트라' 시리즈: 루트비히 판 베토벤《피아노 협주곡 4번 G장조, 작품58》(일부 자료 — 원판의 제2면과 제4면만 남아 있음). 윌리엄 스타인버그, 지휘. (음질이 매우 열악함)

- 1952년 9월 28일, 자료 번호 6728(12). '유명 예술가' 시리즈: 루트비히 판 베토벤《자작 주제에 의한 변주곡 F장조, 작품34》,《여섯 개의 바가텔, 작품126》.

- 1952년 10월 12일, 자료 번호 6728(8). 'CBC 콘서트': 루트비히 판 베토벤《소나타 4번 E플랫장조, 작품7》,《소나타 28번 A장조, 작품101》.

- 1952년 10월 14일, 자료 번호 6728(15). 'CBC 콘서트홀' 시리즈: 알반 베르크《피아노 소나타, 작품1》, 아르놀트 쇤베르크《피아노 모음곡, 작품25》.

- 1952년 10월 21일, 자료 번호 6728(9). 'CBC 콘서트홀' 시리즈: 얀 피터르스존 스베일링크《오르간 환상곡》(피아노 편곡). 요한 제바스티안 바흐《이탈리아 협주곡》(피아노 편곡).

- 1953년 12월 21일, 자료 번호 6728(14). 'CBC 심포니 오케스트라' 시리즈: 아르놀트 쇤베르크《피아노 협주곡》. 장 보데, 지휘.

- 1954년 2월 28일, 자료 번호 6728(6). '유명 예술가' 시리즈: 요한 제바스티안 바흐《평균율 클라비어곡집 제2권》 중 〈전주곡과 푸가 F샤프장조〉,《3성 인벤션》 중 다섯 곡 발췌,《평균율 클라비어곡집 제2권》 중 〈전주곡과 푸가 B플랫장조〉.

- 1954년 6월 7일, 자료 번호 6728(10). '유명 예술가' 시리즈: 요한 제바스티안 바흐《3성 인벤션》 중 〈신포니아 A장조〉,《파르티타 5번 G장조》. 파울 힌데미트《음의 유희》 중 〈푸가 C장조〉.

- 1954년 6월 7일, 자료 번호 6728(11). '유명 예술가' 시리즈(6728(10)에서 이어짐): 파울 힌데미트《피아노 소나타 3번》.

- 1954년 7월 18일, 자료 번호 6728(7). '여름 페스티벌'(TV 시리즈): 루트비히 판 베토벤《피아노 삼중주 B플랫장조, 작품11》,《피아노 삼중주 D장조, 작품70의 1》. 알렉산더 슈나이더, 바이올린. 자라 넬소바, 첼로.

- 1954년 12월 16일, 자료 번호 6728(20). 'TV 콘서트 아워' 시리즈: 루트비히 판 베토벤《피아노 협주곡 1번, 작품15》(제1악장만). 폴 서먼, 지휘.

- 1955년 2월 21일, 자료 번호 88341. 'CBC 심포니 오케스트라' 시리즈: 루트비히 판 베토벤《피아노 협주곡 3번 C단조, 작품37》. 하인츠 웅거 박사, 지휘.

- 1955년 3월 29일, 자료 번호 6728(16). '토론토 심포니 오케스트라' 시리즈: 요한 제바스티안 바흐《클라비어 협주곡 1번 D단조》. 어니스트 맥밀런 경 지휘.

- 1955년 10월 19일, 자료 번호 6728(17). 'CBC 수요일

밤' 시리즈: 루트비히 판 베토벤《피아노 소나타 32번 C단조, 작품111》.

- 1956년 1월 17일, 자료 번호 96527. 'CBC 콘서트 홀' 시리즈: 올랜도 기번스《버지널곡집》중 〈솔즈베리 주교의 파반과 가야르드〉. 요한 제바스티안 바흐《파르티타 6번 E단조》.

- 1956년 10월 23일, 자료 번호 6728(19). '토론토 심포니 오케스트라' 시리즈: 루트비히 판 베토벤《피아노 협주곡 2번 B플랫장조, 작품19》, 발테르 수스킨트, 지휘.

- 1957년 5월 26일, 자료 번호 6728(4). 루트비히 판 베토벤《피아노 협주곡 3번 C단조, 작품37》제1악장 및 제2악장. 베를린 필하모닉 오케스트라.

- 1957년 5월 26일, 자료 번호 6728(5). 루트비히 판 베토벤《피아노 협주곡 3번 C단조, 작품37》제3악장. 베를린 필하모닉 오케스트라.

- 날짜 미상, 자료 번호 6728(1). 루트비히 판 베토벤《피아노 협주곡 2번 B플랫장조, 작품19》. CBC 리틀 심포니 오케스트라. 롤랑 르뒤크, 지휘.

- 날짜 미상, 자료 번호 6728(2). 1954년 2월 28일 항목 참고.

- 날짜 미상, 자료 번호 6728(3). 안톤 베베른《피아노 변주곡, 작품27》. 루트비히 판 베토벤《피아노 협주곡 2번 B플랫장조, 작품19》제3악장(론도).

- 날짜 미상, 자료 번호 6728(13). 요한 제바스티안 바흐《3성 인벤션》중 〈3번 D장조〉, 〈4번 D단조〉, 〈8번 F장조〉, 〈9번 F단조〉,《평균율 클라비어곡집 제2권》중 〈푸가 F샤프단조〉,《3성 인벤션》중 〈1번 C장조〉, 〈2번 C단조〉, 〈5번 E플랫장조〉, 〈14번 B플랫장조〉, 〈11번 G단조〉, 〈10번 G장조〉, 〈15번 B단조〉, 〈7번 E단조〉, 〈6번 E장조〉, 〈12번 A장조〉, 〈13번 A단조〉.

라디오 프로그램들

아래 목록은 글렌 굴드가 캐나다 국영 방송사에서 제작한 라디오 프로그램들이다. 괄호 속 연도는 방송 연도를 가리킨다.

- 《아르놀트 쇤베르크: 음악 역사를 바꾼 사내Arnold Schoenberg: The Man Who Changed Music》(1962). 아르놀트 쇤베르크의 생애와 작품을 다룬 다큐멘터리.
- 《녹음의 전망The Prospects of Recording》(1965). 녹음 및 녹음 산업이 현대인의 삶에 미치는 영향을 탐사한 다큐멘터리.
- 《즉흥 연주의 심리학Psychology of Improvisation》(1966). 음악 속 즉흥 연주의 본질을 고찰한 다큐멘터리.
- 《글렌 굴드의 예술The Art of Glenn Gould》(첫 번째 시리즈, 1966/67). 글렌 굴드의 레코딩을 다룬 11부작 프로그램 및 다큐멘터리 '음반과 녹음에 관해'로 구성.

- 《칠쿳 항구에서의 회의Conference at Port Chilkoot》(1967). 극적 대화 형식으로 풀어낸 음악평론가와 평론에 관한 비평적 고찰.

- 《페툴라 클라크를 찾아서Search for Petula Clark》(1967). 굴드가 쓴 글을 바탕으로 제작한 라디오, 북北온타리오, 팝 음악에 관한 다큐멘터리.

- 《북쪽의 생각The Idea of North》(1967). 캐나다 북부에서의 삶에 관한 다큐멘터리. 이 프로그램은 굴드 최초의 '라디오 대위법' 실험의 산물이다.

- 《반反 주사위Anti Alea》(1968). 확률에 관한 다큐멘터리.

- 《글렌 굴드의 예술》(두 번째 시리즈, 1969). 다큐멘터리 자료와 인터뷰 영상들을 곁들여 글렌 굴드의 음반을 다룬 21부작 프로그램.

- 《늦게 오는 자들The Latecomers》(1967). 뉴펀들랜드의 아웃포트에서의 삶을 다룬 다큐멘터리.

- 《스토코프스키: 라디오를 위한 초상Stokowski: A Portrait for Radio》(1971). 레오폴드 스토코프스키의 삶과 음악을 조명한 다큐멘터리.

- 《장면The Scene》(1972). 굴드와 해리 브라운이 스포츠 경기 보도 형식을 빌려 게임, 경쟁적 스포츠, 그리고 과학기술이 예술에 미치는 효과를 논하는 프로그램.

- 《땅 위의 고요The Quiet in the Land》(1973). 메노나이트 교도 공동체에 관한 다큐멘터리.
- 《카살스: 라디오를 위한 초상Casals: A Portrait for Radio》(1974). 파블로 카살스의 삶과 음악을 조명한 다큐멘터리.
- 《쇤베르크 탄생 100주년 기념 다큐멘터리 시리즈Schoenberg Centennial Documentary Series》(1974). 아르놀트 쇤베르크의 음악과 사상을 다룬 10부작 프로그램.
- 《쇤베르크: 그의 첫 100년Schoenberg: The First 100 Years》(1974). 아르놀트 쇤베르크에 관한 다큐멘터리/판타지.
- 《리하르트 슈트라우스: 부르주아의 영웅Richard Strauss: The Bourgeois Hero》(1979). 리하르트 슈트라우스의 삶과 작품을 조명한 다큐멘터리.

아래 목록은 글렌 굴드가 캐나다 국영 방송사에서 제작한 텔레비전 프로그램들이다. 괄호 속 연도는 방송 연도를 가리킨다.

- 《주제는 베토벤The Subject Is Beethoven》(1961). 다큐멘터리/리사이틀.
- 《소련의 음악Music in the U.S.S.R.》(1962). 러시아 음악의 발전사에 관한 다큐멘터리. 굴드가 쇼스타코비치 및 프로코피예프의 작품을 연주하는 장면이 담겨 있다.
- 《푸가 해부학Anatomy of a Fugue》(1963). 푸가에 관한 다큐멘터리. 이 프로그램의 피날레를 위해 쓰인 곡이《그러니까 푸가를 쓰고 싶다고?》다.
- 《글렌 굴드와의 대화Conversations with Glenn Gould》(1966). 바흐, 베토벤, 리하르트 슈트라우스, 쇤베르크에 관해 험프리 버턴과 나눈 네 차례의 인터뷰 영상.

- 《음악의 세계The World of Music》(1968). 굴드가 여섯 편의 텔레비전 특별 기획을 소개하는 프로그램('자그레브의 연주자들', '만토바의 폐하', '탱글우드의 보스턴 심포니 오케스트라', '폰 카라얀이 지휘하는 《신세계 교향곡》', '메시앙과 월런♦', '모차르트의 《후궁 탈출》').

- 《웰템퍼드 리스너Well-Tempered Listener》(1970). 커티스 데이비스가 바흐와 그의 음악에 관해 글렌 굴드와 나눈 인터뷰 영상.

- 《북쪽의 생각The Idea of North》(1970). 굴드 최초의 '라디오 대위법' 실험의 결과물이었던 CBC 라디오 프로그램에 기초한, 캐나다 북부에서의 삶에 관한 다큐멘터리.

- 《글렌 굴드의 토론토Glenn Gould's Toronto》('도시들' 시리즈의 일부, 1979). 글렌 굴드가 토론토라는 도시에 관한 자신의 견해를 소개하는 영상.

- 《소리 혹은 비非소리Sound or Unsound》('인간의 음익' 시리즈의 여덟 번째 에피소드, 1979). 제2차 세계대전 이후 다양하게 발전한 음악의 흐름에 관한 다큐멘터리.

♦ 힐리 월런(Healey Willan, 1880~1968): 캐나다의 오르가니스트 겸 작곡가.

글렌 굴드가 예후디 메뉴인과 함께 실황 음악과 음반 각각의 장점에 관해 대화를 나눈 영상과 굴드가 녹음 스튜디오에서 리믹스 과정을 감독하는 모습이 담겨 있다.

- 《글렌 굴드 온 더 레코드Glenn Gould On the Record》와 《글렌 굴드 오프 더 레코드Glenn Gould Off the Record》(모두 1959, 캐나다 국립 영상물 위원회). 글렌 굴드에 관한 다큐멘터리 필름.

- 《글렌 굴드와의 대화Conversations with Glenn Gould》(1966, 영국 방송 협회). 굴드와 험프리 버턴이 베토벤, 리하르트 슈트라우스, 쇤베르크, 바흐에 관해 나눈 네 차례의 대담.

- 《영역들Spheres》(1969, 캐나다 국립 영상물 위원회). 노먼 매클래런과 르네 조두앙이 제작한 애니메이션 필름으로, 글렌 굴드가 연주한 바흐의 음악을 사운드트랙으로 사용했다.

- 《제5도살장Slaughterhouse-Five》(1972, 유니버설 필름). 커트 보니것의 소설을 원작으로 한 조지 로이 힐 감독의 영화. 사운드트랙 편곡과 연주를 굴드가 맡았다.

- 《음악과 기술, 음악의 길들Music and Technology, Chemins de la Musique》(1973~76, O.R.T.F.). 브뤼노 몽생종이 감독한 4부작 영화. 바흐, 쇤베르크, 스크랴빈, 기번스, 버드, 베르크, 바그너의 음악에 대해 이야기하는 글렌 굴드의 모습을 담았다.

- 《터미널 맨The Terminal Man》(1974, 워너브러더스). 마이클 크라이턴의 소설을 원작으로 한 마이클 호지스 감독의 영화. 글렌 굴드가 연주한 《골드베르크 변주곡》이 사운드트랙으로 사용되었다.

- 《음악으로로서의 라디오Radio As Music》(1975). 글렌 굴드의 대위법적 라디오 다큐멘터리 기법에 관한 존 제섭의 기사를 영상물로 각색한 작품.

- 《바흐 시리즈Bach Series》(1979~81, 클래자트). 글렌 굴드가 바흐의 음악에 대해 이야기하는 3부작 영화.《골드베르크 변주곡》,《반음계적 환상곡과 푸가》,《파르티타 4번》, 그리고 《평균율 클라비어 곡집》과 《푸가의 기법》중 발췌부가 등장한다.

- 《전쟁들The Wars》(1983). 티머시 핀들리의 소설을 원작으로 한 로빈 필립스 감독의 영화. 글렌 굴드가 사운드트랙 편곡과 연주를 담당했다.

- 《글렌 굴드에 의한 변주곡Variations on Glenn Gould》. 녹

음 세션 중의 굴드, 라디오 다큐멘터리를 제작하는 굴
드, 그리고 온타리오 북국北國에서 생활하는 굴드의 모
습을 담은 프로필/다큐멘터리.

- 《글렌 굴드: 러시아 여행Glenn Gould: The Russian Jour-
ney》(2002). 1957년 소련을 방문해 공연한 글렌 굴드
의 여정을 기록한 다큐멘터리. 모스크바와 레닌그라드
공연 영상, 기존에 발매된 바 없는 음원과 레닌그라드
음악원에서의 강의도 수록되어 있다. 2003년 발매된
DVD에는 굴드의 추가 인터뷰 영상과 소련 연주 여행
관련자들의 인터뷰 역시 담겨 있다.

- 《글렌 굴드에 관한 서른두 편의 단편 영화Thirty-Two
Short Films About Glenn Gould》(1993). 프랑수아 지라르
가 각본과 감독을 맡은 영상물로, 글렌 굴드의 인생 속
짧은 삽화와도 같은 이야기들을 모았다. 2001년 DVD
로도 출시되었다.

- 《엑스타시스Extasis》(2003). 글렌 굴드의 콘서트와 그
가 지인들과 나눈 대담을 모은 다큐멘터리.

- 《글렌 굴드: 연금술사Glenn Gould: The Alchemist》(2003).
굴드의 연주 영상과 굴드가 자신의 음악과 삶에 대해
이야기한 인터뷰 영상을 정리한 다큐멘터리.

- 《골드베르크 변주곡: 글렌 굴드가 연주한 바흐The

Goldberg Variations: Glenn Gould Plays Bach》(1981). 앞의
《음악과 기술, 음악의 길들》의 일부로서 브뤼노 몽생
종이 감독한 영상물로, 2000년 DVD로 발매되었다.

글렌 굴드에게 듣는 글렌 굴드

어떤 예술가는 죽음과 함께 망각의 늪 속으로 서서히 가라앉고, 어떤 예술가는 죽음과 무관하게 영생합니다. 글렌 굴드는 누가 뭐래도 후자의 진영에 속하는 예술가입니다. '죽은 자들의 잔치판'인 클래식 음악계라지만, 죽음이 명성의 보증수표일 순 없는 법입니다. 죽어서도 빛을 잃지 않는 예술가에게는 응당 그럴 수밖에 없는 필연적 이유가 있을 겁니다.

사망한 지 40년 넘는 세월이 흘렀음에도 예술가 글렌 굴드를 향한 음악 애호가의 관심과 사랑은 여전합니다. 그가 생전에 남긴 족적이 워낙 깊기도 했거니와, 무엇보다 그를 대체할 만한 '굴드류'의 후계자가 등장하지 않아서이기도 할 테지요. 그렇다면 무엇이 그를 그토록 유일무이한 예술가로 만드는 걸까요?

굴드는 완벽주의를 지향한 예술가였습니다. 물론 완벽을 지향(한다고 말)하는 예술가는 부지기수입니다. 수많은 연주자가 천재일우千載一遇의 완벽한 연주를 꿈꾸며 오늘도 무대에 섭니다. 그러나 굴드가 완벽에 접근한 방법은 그 누구와도 달랐습니다.

널리 알려졌다시피, 그는 1964년 서른둘이라는 창창한 나이에 더 이상 무대에 오르지 않겠노라 선언했습니다. 1955년 데뷔 음반《골드베르크 변주곡》으로 대대적인 선풍을 일으키며 큰물에 나온 지 10년도 되지 않은 시점이었지요. 그러나 그 10년이 채 못 되는 기간은 굴드에게는 퍽 고단한 시기였던 것 같습니다. 연주회 무대에 서는 것을 온전히 즐기지 못한 까닭입니다(그가 평생 소화한 연주회 횟수는 200회에도 미치지 못합니다). 콘서트 무대를 고대 로마의 검투사 경기에 견주며 혐오했다고도 합니다. 경기를 '완벽'하게 지배하는 일이 불가능하다는 점을 깨닫고 나자 결론은 자명했습니다. 완벽을 추구하는 일이 불가능한 방안을 버리고 완벽을 도모할 수 있는 새로운 길로 걸어가야 했습니다. 굴드는 "영웅이 되기 위해선 세상의 버림을 받거나 먼저 스스로 세상을 내던져야 한다"고 말했다는데, 그 말처럼 그는 스스로 세상을 내던지고 녹음 스튜디오에 칩거한 은둔 영웅이 되었습니다.

녹음실은 그에게 완벽을 향한 온갖 실험과 모험적 시도를 가능케 한 이상적 공간이었습니다. 연주자의 미스

터치만을 기다리며 눈에 핏발을 세운 속물들, 연주자를 향한 광신적 팬덤에 빠져 비판적 귀를 닫아버린 예스맨들, 음악에는 큰 관심 없이 그저 품위 유지 차원에서 자리만 채우고 앉아 연신 프로그램 북을 뒤적이는 관객들이 없는 무릉도원이기도 했겠지요. 낙원에 들어앉은 굴드는 연주회였더라면 매운 손가락질을 받았을 해석으로 세상을 놀라게 했습니다. 전혀 모차르트스럽지 않은 모차르트 피아노 소나타, 도무지 베토벤답지 않은 베토벤 소나타는 음반 구매자들을 어리둥절하게 했고, '신성 모독'을 감지한 평론가들 입에는 분노의 거품이 끼었습니다.

비단 해석만 전무후무로 독특한 게 아니었습니다. 굴드가 선택한 레퍼토리의 범위 역시 공전절후라는 말이 무색지 않을 정도로 독특했습니다. 올랜도 기번스와 윌리엄 버드 같은 16세기 음악을 가지고 놀다가 훌쩍 400년을 건너뛰어 리하르트 슈트라우스, 베르크, 시벨리우스를 내밀기를 예사로 했습니다. 1955년 그의 미국 데뷔 리사이틀 프로그램은 그가 평생 추구할 레퍼토리 노선을 축약적으로 보여주었습니다. 워싱턴 DC와 뉴욕 등지에서 그가 연주한 작품은 르네상스 시대의 기번스와 얀 스베일링크의 곡, 바흐의 삼성부 인벤션 및 〈파르티타 G장조〉, 베토벤의 《피아노 소나타 30번, 작품109》, 그리고 베베른의《변주곡, 작품27》과 베르크의《피아노 소나타》였습니다.

　마치 축지법을 부리는 도인처럼 신출귀몰하는 그의 연주곡목 일람에서 특히 두드러지는 두 가지 특징은 요한 제바스티안 바흐의 상존常存과, 모든 피아노 연주자의 일용할 양식이 되는 낭만주의 레퍼토리의 거의 전면적 부재不在였습니다. 굴드에게 바흐는 그야말로 씨실과 날실이었습니다. 그의 인생 전체를 관통하는 화두이자, 그의 음악 양식을 규정하는 사고의 틀이었다고 해도 과언이 아닐 정도입니다. 여럿이 각자의 이야기를 하면서도 전체로는 하나를 이루는 미학의 집대성자인 바흐는 굴드의 북극성이었습니다. 굴드의 피아니즘은 음악의 다성성多聲性을 부각했고, 그 솜씨가 워낙 탁월하여 듣는 이의 혀를 내두르게 했습니다. 오죽하면 피아니스트 언드라시 시프는 "대부분의 피아니스트가 2성부 음악을 다스리는 것보다 굴드가 5성부 음악을 다스리는 것이 훨씬 귀에 쏙쏙 들어온다"고까지 했겠습니까. 굴드가 등장하기 전 바흐의 건반 음악은 그저 교습용이거나 학자들의 연구 영역으로 취급되는 음악이라는 인식이 지배적이었습니다. 물론 굴드 전에도 란도프스카, 에트빈 피셔 등의 전설적 녹음이 있긴 했지만, 바흐의 건반 음악이 가진 순수한 감상적 가치를 널리 일깨운 건 누가 뭐래도 굴드의 선구적 혜안과 진취적 용기였습니다.

굴드가 낭만주의 절정기의 음악을 회피한 이유도 바흐를 향한 그의 존경과 같은 맥락에서 파악할 수 있습니다. '선율＋화음'이라는, 낭만파 음악 특유의 갑갑하고 답답한 호모포니적 텍스처를 견디지 못했던 겁니다. 그의 디스코그래피에는 낭만파 피아노 음악의 사대천왕 쇼팽, 리스트, 슈만, 브람스의 이름이 지극히 간헐적으로만 등장합니다. 쇼팽은 그나마 대위법적인 면모가 있다고 평가받는《피아노 소나타 3번》한 곡뿐이고, 리스트의 이름은 베토벤 교향곡의 편곡자로서만 등장합니다. 슈만은 줄리아드 사중주단과 함께 취입한 실내악 음반이 유일합니다. 사대천왕 가운데 굴드가 그나마 최소한의 성의를 보인 작곡가는 화려한 낭만파적 기교의 과시와는 가장 동떨어진 브람스뿐이었던 셈이 됩니다. 대신 그는 비제, 리하르트 슈트라우스, 시벨리우스처럼 좀처럼 피아노 음악과 함께 연상하지 못하는 작곡가들의 작품을 선호했습니다.

이처럼 그에게는 괴짜 기질과 반골 기질이 다분했습니다. 그는 사람들이 당연한 것으로 받아들이는 사고의 틀을 뒤집고 음악을 향한 신선한 시각을 가질 것을 요구했습니다. 단지 음악과 연주로만 그리 주장한 것이 아니었습니다. 그에게는 '말과 글'이라는 또 다른 무기도 있었기 때문입니다. 속세를 등지고 은둔을 선택한 것이 곧 세상과의 소통까지 단절하겠다는 선언은 아니었습니다. 오히려 굴드는 칩거 후 그 어느 음악가보다 더욱 적극적으로 세상과 대화했습니다. 손수 음반 해설 원고를 써서 자신의 견해를 설명했고, 라디오 다큐멘터리를 직접 제작했습니다. 몇 명의 분신까지 만들어 제 생각을 다각도로 개진하면서 때로는 스스로를 논평하고 비판하며 심지어는 조롱하는 일마저도 서슴지 않았습니다.

그랬던 만큼 굴드를 삐딱하게 보는 시선도 없을 수 없었겠습니다. 독일의 음악평론가 요아힘 카이저가 바로 그랬던 모양입니다. 그는 "지나치게 똑똑한 이 피아니스트는 필요 이상의 말과 글 때문에 자신을 더 망친다. 브람스, 슈베르트, 슈만, 베토벤에 대한 비합리적인 그의 견해들은 도발을 지향하는 과도한 욕구가 낳은 결과"라며 굴드를 비판했습니다. 한마디로 '다름 그 자체를 위한 다름'을 추구하며 의도적으로 분탕질을 쳤다는 핀잔인데, 전적으로 동의하긴 어렵습니다. 자신이 믿는 바에 순하게 어울리지 못하는 주장도 일단 열린 마음으로 경청하는 것이 예술을 향유하는 자의 올바른 자세가 아닐까 싶습니다. 게다가 굴드의 견해는 — 거기에 동의하느냐의 여부는 부차적인 문제이고 — 흥미로운 것들이 많습니다.

그 흥미로운 견해와 생각을, 당사자의 입을 통해 직접 들을 수 있는 것이 이 책입니다. 우리말로 옮기는 과정에서 저 역시 많은 것을 배울 수 있었습니다. 모쪼록 독자들도 굴드의 혜안과 식견, 통찰에서 저마다 생각할 거리를 찾으셨으면 하는 바람입니다. 값진 기회를 주신 경당의 김성천 편집장님께 깊은 감사의 인사를 드립니다.

2024년 6월
이석호

글렌 굴드에게 듣다
그의 연주와 음악에 관한 심층 인터뷰

초판 1쇄 펴낸날 2024년 7월 30일

지은이   글렌 굴드, 조너선 콧
옮긴이   이석호

마케팅   박병준
관리   김세정
편집   김성천
디자인   부추밭

펴낸이   박세경
펴낸곳   도서출판 경당
출판등록   1995년 3월 22일(등록번호 제1-1862호)
주소   (04002) 서울시 마포구 월드컵북로5나길 18 대우미래사랑 209호
전화   02-3142-4414~5
팩스   02-3142-4405
이메일   kdpub@naver.com

ISBN 978-89-86377-65-1 03670
값 18,000원